우리는
서로에게
배울 것이
많아요

일러두기

1. 2016년부터의 기록이지만 나중에 추가하여 보완하였으므로 시기상 앞 뒤가 조정될 수 있습니다.
2. 번역은 최대한 원문에 가깝게 하려고 노력하였습니다.
3. 핀란드 위베스퀼레 지역에서 70일 동안 경험한 일을 바탕으로 썼습니다.

| 교육으로 통하는 핀란드와 제주 |

우리는
서로에게
배울 것이
많아요

고의숙 지음

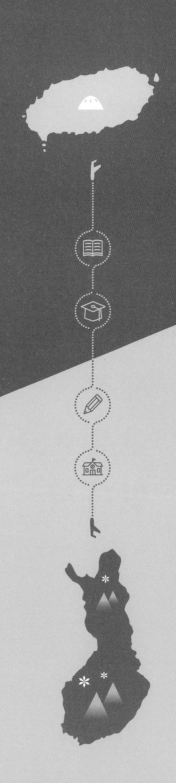

한그루

핀란드와
제주
교육으로
만나서

핀란드와의 교육 인연은 지금도 이어지고 있습니다.

교육청의 담당자로서 여러 일들을 함께하면서 핀란드와 제주 교육으로 만날 수 있었습니다.

교육현장에서 실천하고 있는 분들과의 만남은 거창한 교육 담론이 아니라 구체적인 경험으로 연결되었습니다. 서로 공유하고 배우려고 했던 시간들이 소중하고 귀하게 여겨졌습니다.

2016 제주교육 국제심포지엄을 담당하면서 만난 핀란드 교육은 너무 멀어보였습니다. 부럽기도 했고, 다른 교육환경이 남의 이야기로만 머물렀습니다. 그래도 숙제처럼 남아 있는 마음이 묵직했습니다.

'서로 잘 배우는 길은 함께해보는 것.'

핀란드와 제주 교육에 대해 공동연구를 해보자는 저의 제안에 앤 라사카 선생님이 보내온 이메일 답장은 가슴을 뛰게 했습니다. 핀란드 교육에 대해서 배울 게 많다고 생각했지 제주 교육에서 배울게 많을 것이라는 생각은 못 했으니까요.

제주의 선생님들을 만나고, 세심하게 관찰하고, 토론하는 핀란드 교육자와 함께 보낸 공동연구 40일은 또 다른 생각을 하게 했습니다. 진심으로 제주 교육을 배우려고 노력하는 모습이었기 때문입니다. '서로 배운다'라는 말이 마음을 자꾸 흔들었습니다.

핀란드에 파견연수를 가게 되었습니다.

위베스퀼레에서 생활하고 학교를 방문하고 공부하면서 다시 생각했습니다. 한 명 한 명의 잠재력을 성공으로 이끄는 핀란드 교육은 서로 비교하지 않는 것, 그 한 사람을 존재 자체로 존중하는 것에서 출발한다는 것을 경험했습니다. 그것이 자연스러운 문화였고 삶이었습니다. 그래서 '서로 배우고자' 노력하는 것이었습니다. 존중하니까 상대에 대해 배우고자 하는 것이겠지요. '비교'가 사라진 곳에서 '존중'이 자연스럽게 배어 나오는 것 같습니다.

비교하지 않는다는 것의 깊은 철학적 의미를 구체적인 경험에서 많이 느낄 수 있었습니다.

우리는 '비교'하느라 자신을 바로 보지 못하고 있는 것은 아닌가 하는 생각이 들기 시작했습니다. 우리가 딛고 있는 제주 교육의 장점, 저마다의 탁월함을 미리 재단해버리고 핀란드를 부러워했던 것은 아닐까, 아니면 '우린 다르다!'라고 미리 단정지어 버린 것은 아닐까 되돌아보았습니다.

핀란드 교육자들과 함께 서로 배우고자 했고, 더 나은 협력을 위해 토론했던 과정들을 담담히 기록해보았습니다. 핀란드에 가서 제주 교육자의 시선으로 만났던 교육현장 이야기도 정리해보았습니다.

국제심포지엄과 공동연구로 시작된 연결은 교사교류와 업무협약, 제주국제청소년 포럼 등으로 지금까지 이어지고 있습니다. 그 협력과정을 다시 살펴보았습니다. 그 모든 과정이 개인적인 것이 아니라 공(公)적인 경험이기에 마땅히 공유하여야 한다는 생각이었습니다.

정리하는 시간 동안 제주 교육을 다시 볼 수 있는 시간이었습니다. 나를 되돌아볼 수 있는 과정이기도 했습니다.

제주 교육을 만들어가는 많은 분들께 핀란드 교육자의 시선도 보여드리고 싶었습니다.

제주와 많은 것이 다르지만 또 많이 닮아 있는 핀란드!

이 책이 제주와 핀란드를 연결하여 무엇이든 함께 만들어 갈 수 있는 또 하나의 기록이 되길 희망해봅니다. 더 나은 교육을 위해 서로 만들어가고 있는 제주와 핀란드의 교육협력에 작은 도움이 되길 바라봅니다.

책이 출판되기까지 기록의 공유를 흔쾌히 허락해주신 앤 라사카 선생님과 방문을 허락하고 진심으로 함께 참여해주셨던 여러 학교 선생님들, 도움 주신 많은 분들께 진심을 담아 깊이 감사드립니다.

2020년 8월
긴 장마의 끝에서
고 의 숙

3 다시, 제주에서

1

우리는
서로에게
배울 것이 많아요

# #
제주
에서

핀란드는
우리와
다르잖아요?

2016년
10월 30일

2016 제주교육 국제심포지엄을
마치고

'교육으로 미래를 디자인하다'라는 주제로 열렸던 「2016 제주교육 국제심포지엄*」을 마쳤다. 처음 열리는 제주교육 국제심포지엄 담당자로 이 일을 추진하게 된 것은 영광스러운 일이지만 가보지 않은 길을 가는 것은 솔직히 어렵고 힘들었다.

현 시기에 타당한 주제를 정하는 일, 강사를 선정하고 초청하는 일, 기획하는 의도에 맞게 형식을 정하는 일, 제주대학교와 공동으로 운영하기 위해 협력해야 할 일 등 모든 것이 첩첩산중이었다. 그중 외국 강사를 초청하는 것은 지역과 언어의 한계를 넘어 소통하고 조정하면서 진행해야 하는 일이라 더욱 어려웠다.

수차례 논의와 추천과 조정을 통해서 여러 명의 외국 강사를 초청하게 되었는데, '핀란드의 교육과정, 수업, 평가' 주제 세션에 핀란드 교육현장 경험과 국가 정책적인 면을 함께 이야기해 줄 수 있는 분으로 앤 라사카**(Anne Raasakka) 선생님이 초청되었다. 세션 발표뿐만 아니라 워크숍으로 선생님들과 토론하는 과정까지 담당 시간도 가장 많이 배정되었다.

첫날, 이 주제 세션에는 200여 명 가까운 청중이 함께했다. 앤 선생님의 주제발표와 여러 패널들의 토론이 끝났을 때 청중에서 한 선생님의 질문** 이 있었다.

• 2016 제주교육 국제심포지엄(2016. 9. 29.~9. 30.): 제주특별자치도교육청과 제주대학교 공동주최로 제주대학교에서 '교육으로 미래를 디자인하다'라는 주제로 개최됨.

•• 핀란드 국가교육위원회 자문위원 활동을 하고, 학교 미술교사로 근무했으며, 헬싱키 반타 바리아 (Vantaa Varia) 직업학교에서 교육과정 스페셜리스트로 활동하고 있다.(2016)

••• 질문의 구체적 내용은 심포지엄 참여 소감을 남긴 '조희연 서울시교육감 네이버 블로그'에서 인용
http://blog.naver.com/chohiyeon/220824270437

"한국의 교사들은 가르치는 일보다도, 행정적인 일을 하느라고 너무 바쁘다. 핀란드에서는 어떻게 처리하는가?"라고 물었다.

이에 대해 앤 선생님은,

"교사들은 예컨대 1시간분의 월급을 받으면 나머지 1/2시간의 평가와 준비시간의 월급을 받는다."라고 대답을 하였다.

동문서답 식의 대답에, 질문을 한 교사가 다시 일어나서는,

"한국에서는 교사들이 행정적인 일로 고통받는데, 핀란드에서는 어떻게 하느냐?"라고 다시 물었다.

그때 앤 선생님은,

"핀란드에서는 페이퍼워크(Paperwork)가 주로 학생들의 평가와 관련되어 있다. 문서화된 평가를 하는데, 이는 수업의 일환이며, 평가 자체도 사실은 배우는 과정이다. 페이퍼워크라는 것이 학생들의 학습과정을 돕고 긍정적 피드백을 해주는 과정이다."라고 다시 대답하였다.

행정업무로 인해 가르치는 일에 전념할 수 없는 한국의 현실을 이야기하는 교사와 행정업무(페이퍼워크)조차도 가르치는 일의 과정이라는 핀란드 앤 선생님의 서로 다른 답변이었다. 이 질문과 답변은 그날 언론에 보도될 정도로 우리의 교육환경은 핀란드와 서로 다르다는 것을 확인하는 과정이 되기도 하였다.

다음 날, 앤 선생님과 함께 진행된 교육과정 워크숍에는 100여 명의 선생님들이 참여했다. 실제 교육과정과 평가는 수업의 과정으로서 어떻게 실현되는지 나누고 토론하는 과정이었다.

워크숍이 끝나고 몇몇 선생님께 소감을 들었다.

"핀란드는 행정업무가 없잖아요. 그러니까 가능한 일이죠."

"핀란드니까 교사 자율성이 보장되잖아요. 우리하고는 너무 달라요."

여러 선생님의 소감은 결국 하나로 모아지는 듯했다.

'그건 핀란드니까!'

'핀란드는 우리와 다르잖아요.'

선생님들의 이야기가 며칠 동안 마음에 많이 남았다. '다르다'라는 것에 초점을 둔 많은 이야기들, 그래서 그건 '핀란드 이야기'일 뿐이라는 선생님들의 소감은 내게 많은 생각을 하게 했다.

'그럼 우리는 왜 국제심포지엄을 했을까?'

다시 자신에게 묻는 질문이었다. 다르다는 것을 확인하는 자리였다면, 부러움을 크게 하는 시간이었다면 무슨 의미가 있으랴.

그동안 여러 선생님들과 함께 만들어 온 심포지엄 자체가 별 의미 없어 보여 허탈하기도 했고, 또 진지한 성찰을 하게 하는 질문이기도 했다.

우리는 다르다. 서로 다르다.

핀란드만 우리와 다른 것이 아니고 우리 모두는 서로 다르다. 제주와 서울이 다르고, 제주시와 서귀포시가 다르고, 동지역 학교와 읍면지역 학교가 다르고, 초등과 중등이 다르고, 같은 제주시 동지역 학교에서도 서로 학교마다 상황과 내용이 다 다르다.

그럼에도 불구하고 같은 점이 있고, 다름 속에서도 서로 배울 점이 있지 않을까? 그렇게 탐색하는 것이 서로를 성장하게 하는 길이 아닐까?

핀란드와 제주도 마찬가지가 아닐까?

우리는 다르다. 그러나 교육의 본질적인 면에서 우리는 같은 길을 가고 있다. 학생 한 명 한 명이 자신의 삶의 주체가 되어 행복한 시민으로 살아갈 수 있도록 최선을 다하고 있다.

우리는 교육이라는 이름에서 서로 분명히 배울 점이 있을 것이다. 그 가능성을 찾는 것, 그것을 우리에게 적용하는 창의성과 상상력을 발휘하는 것, 그것이 우리가 할 일이 아닐까. 이렇게 생각하는 것은 나를 위한 위로인지, 제주에서 교육을 실천하고 있는 사람으로서의 자존심인지도 모른다.

막연하지만 '그건 핀란드니까!'라는 말에는 대안을 만들고 싶어진다. 어떻게 서로를 연결해야 하는지, 어떤 의미를 서로 만들어갈지 구체적이지는 않다. 여전히 남의 이야기인 채로 남아 있는 핀란드의 교육 이야기는 내게 숙제처럼 남겨졌다.

2016 제주교육 국제심포지엄!

어려웠던 여정을 끝내고, 새로운 일을 무리 없이 마무리했으나 마음으로는 하나의 숙제를 다시 받은 것 같은 느낌! 그래서 마음은 하늘을 날 것처럼 시원하고 또 엄청 무거웠다.

그건 핀란드니까!
그 말에 대안을 만들고 싶어진다
숙제를 다시 받은 것 같다

서로
배울 수 있는
좋은 기회

핀란드와 제주의
공동연구

제주공항에서 앤 라사카 선생님을 만났다. 여전히 멋진 헤어스타일과 활짝 웃는 모습으로 손을 흔들며 다가왔다. 마치 오랜 친구처럼.

앤 라사카 선생님, 작년 「2016 제주교육 국제심포지엄」에 우여곡절을 거쳐 핀란드 교육전문가로 추천받고서 과연 어떤 말을 할까 하는 두려움은 심포지엄을 거치면서 신뢰로 다시 되돌아왔다.

심포지엄을 준비하는 과정에서 보여준 섬세함과 꼼꼼한 자료 준비는 성실함과 교육에 대한 열정을 느끼게 했다. 심포지엄 기간 동안 서로 나눈 교육 이야기들을 통해 스페셜리스트(Specialist, 교육과정전문가)로서의 전문적 식견을 충분히 느낄 수 있었다. 거기에 더해서 짧은 일정이었지만 제주 돌문화공원, 4·3 평화기념관 등을 다녀온 후 제주에 깊은 애정을 보여주는 모습으로 더 많이 친숙해질 수 있었다. 다음에 기회가 된다면 제주에 꼭 다시 오고 싶다는 작별인사는 이렇게 다시 '공동연구'라는 주제로 우리를 이어주었다.

국제심포지엄을 평가하면서 '그것은 핀란드니까!', '우리와 다르잖아요?'라는 말들이 묵직한 과제로 남았다.

서로를 연결해서 구체적으로 뭔가 풀어보고 싶었던 차에 기회가 만들어졌고 '서로 잘 배우는 길은 함께 무엇을 해보는 것'이라는 앤 선생님 답변으로 이번 공동연구는 추진되었다.

2017년 2월, 출장으로 영국에 갔다가 런던에서 앤 선생님을 만났다. 제주에서의 연구를 좀 더 의미 있게 하기 위해 미술수업과 평가를 직접 제주의 선생님들과 함께 해보는 프로젝트에 대해 토론하게 되었다. 이런 제안에 대해 흔쾌히 'Of course!'라고 대답한 앤 선생님! 그래서 공동연구 프로젝트는 구체적으로 실행될 수 있었다.

'서로를 배울 수 있는 좋은 기회!'

앤 선생님의 말에 나도 가슴이 뛰고 있었다. 더구나 우리의 프로젝트를 통해 제주 교육에 대해 배우고 싶다는 앤 선생님 말이 가슴에 남았다.

핀란드와 제주의 교육이 어떻게 만나서 어떻게 서로를 배워갈 것인가? 그 프로젝트를 기획하는 일은 만만치 않은 일이다. 어떻게 실질적이고 유의미하게 만들 것인가? 큰 과제를 풀어야 하는 일이 앞에 놓여 있다.

그렇지만 설레고 반갑다. 구체적으로 핀란드 교육을 만날 수 있을 것 같다. 제주 교육을 더 객관적으로 들을 수 있을 것 같다.

무엇보다 제주 교육을 배울 수 있는 기회라고 모든 일에 적극적으로 대답하는 앤 선생님 모습은 더 새롭다.

멀게만 느껴졌던 핀란드, 배우기 위해 우리가 단기적으로 많이 방문하는 나라, 농업국가에서 복지국가로의 변신, 40여 년의 교육 개혁으로 만든 교육시스템, PISA 성적 최상위를 유지하는 나라, 성적뿐만 아니라 학생들의 행복도에서도 최상위에 속하는 나라, 학생 한 명 한 명의 행복이 교육으로 지원되고 시스템으로 보장되는 핀란드! 그 나라의 선생님과 함께 제주 교육을 하나하나 함께 들여다보자.

앤 선생님은 어떤 면에서 제주 교육을 배우고 싶었을까? 어떻게 보고 배웠다고 이야기할까? 우리가 몰랐던 제주 교육이 있었던 것은 아닐까? 우리는 어떻게 서로 배워갈까? 구체적인 경험으로 이야기를 나눌 수 있는 기회가 가슴 뛰게 했다.

"먼 길을 오신 앤 선생님, 제주에서 만나니 더 반가워요. 북유럽의 나라 핀란드에서 일본을 경유하여 인천을 거쳐 다시 제주로 오시느라 수고하셨어요. 제주에서의 40일, 서로를 배우는 소중한 시간이 되길 기대해요. 진심으로 환영합니다."

먼 길을 오신 앤 선생님
제주에서 만나니 더 반가워요
북유럽의 나라 핀란드에서
일본을 경유하여 인천을 거쳐
다시 제주로 오시느라 수고하셨어요

2017년 2월, 핀란드에서 앤 선생님과 함께

제주에서의 40일
서로를 배우는 소중한 시간이
되길 기대해요
진심으로 환영합니다

제주의
미술교육을
만나다

애월고등학교 미술 프로젝트 1
(미술수업 참관)

핀란드와 제주 교육을 서로 배우기 위한 방법으로 공동 프로젝트를 해보기로 했다. 같이 경험함으로써 서로 배우자는 동의는 지금 생각해보아도 참 실질적인 접근이었다.

교육과정이 실제 수업에서 어떻게 학생과 만나고, 수업과 연계한 평가는 어떻게 이루어지고 있는지를 경험함으로써 연구가 풍부해질 수 있다고 판단한 것이다. 언어, 문화, 역사 등 많은 한계가 있을 것이다. 그래도 한 걸음 더 구체적인 실천으로부터 배움이 만들어질 것으로 기대된다.

2017학년도부터 애월고등학교[•]에는 미술전공과가 신설되어 운

● 제주시 애월읍에 위치한 공립 일반계고등학교, 1953년 개교, 2017년부터 특수목적고등학교(미술과 2학급)로 지정되었음.[출처: 학교 홈페이지]

영되고 있다. 1학년 2학급이다. 앤 선생님은 핀란드 알토 대학교
(Aalto University)에서 디자인을 전공하였고 고등학교에서 미술교사로
15년 정도 재직하였다.

앤 선생님이 학생들에게 직접 미술수업을 해보기로 한 것은 애
월고등학교 미술과 선생님들께서 선뜻 동의해주셔서 가능한 일이
었다. 학생들을 위한 새로운 시도에 적극적인 미술과 선생님들과
앤 선생님이 서로 연결되면서 핀란드 교육과정과 연계한 미술과
수업을 설계할 수 있었다.

오늘은 애월고 미술과 선생님들과 메일을 통해 소통해온 수업
계획안을 협의하는 시간이다. 우선, 미술과 선생님들의 수업을 참
관하고 계획을 협의하기 위해 학교에 갔다. 교장 선생님과 여러
선생님들께서 반갑게 맞아주셨다.

'또 하나의 일로 받아들이면 어쩌나.' 하는 걱정이 사라지는 순
간이었다. 그리고 앤 선생님과 함께하는 프로젝트 기간 동안 복도
에 핀란드 학생들 미술작품과 애월고 미술과 학생들 미술작품들
을 전시하는 기회도 마련하고 있었다. 바쁜 일정 속에서 과정마다
정성을 다하는 미술 선생님들 모습이 소중하게 다가왔다.

1학년 5반 미술 수업은 '내가 살고 싶은 집'을 여러 가지 재료
를 사용하여 만드는 수업이었다. 오늘 참관한 수업은 마지막 차시
로 그동안 만든 작품을 친구들에게 설명하고 마무리하는 시간이
었다. 20여 명 학생들이 각자의 작품에 열중하면서 또 선생님 안
내에 따라 자신만의 작품을 완성해 가는 모습이 진지했다. 수업이
끝날 때쯤 앤 선생님이 스스로 자신을 소개하고 인사하는 시간을

가졌다. 학생들은 차분하게 영어로 말하는 선생님 이야기에 집중
하였고 또 반갑게 인사했다.

　1학년 6반 미술수업은 '디자인' 수업이었다. 잡지 또는 생활 주
변에서 볼 수 있는 사진을 통해 그 속에 있는 색(Color)을 찾아내고
명도와 채도를 이용하여 자신만의 배색표를 만드는 수업이었다.

　앤 선생님은 디자인을 전공해서 그런지 수업 내용에 관심을 보
였다. 상당히 인상적이라고 표현하였고, 학생 개개인이 자신만의
색깔을 만들어가는 수업 내용에 대해 자주 질문을 하기도 했다.

　두 학급 수업 참관을 마치고 미술과 선생님들과 수업 참관 소감
등 앞으로 공동 미술프로젝트 수업에 대해 협의했다.

수업 관련 협의

O반 선생님 오늘 수업은 전공교과가 아니고 미술창작 수업으로 학생들이 자유롭게 자기 충족감을 가질 수 있도록 하였다. 이번 수업에서는 투시도법, 평면기법과 입체기법을 가르쳤다. 수업이 끝난 후, 상담을 통해서 학생들의 마음을 표출하도록 하고 있다. 가구의 크기와 주거공간 크기 등 비율과 공간 배치 등이 적절한가? 피드백하면서 수업하였다. '수업을 하면서 행복한가?'라는 질문을 통해 학생들의 상태를 자세히 알고자 하였다.

앤 선생님 핀란드에서도 1학년에서 익숙한 수업이다. 공간에 대한 예측이나 구성 등 학생들이 수업에 집중을 너무 잘하고 참여해서 수업이 잘 이뤄지는 것 같다.

O반 선생님 이번 수업은 색채수업이었다. 색채에 대한 감정, 기본적인 특징에 대한 것을 예시작품을 통해서 공유하고 색채를 이용한 마케팅 등에 관심을 두었다.

앤 선생님 학생들이 가져온 것이 주로 광고에 대한 것이어서 그런 줄 알고 있었다. 이런 색깔들이 어떤 반응을 했는지. 색깔의 영향이 우리 생활에 어떤 영향을 주는지 아는 것은 중요한 것 같다. 광고나 채도 등을 이용하는 것이 인상적이었다. 핀란드에서도 학생들이 직접 사진을 고르고 표현하는 것에 대해 강조한다. 매우 인상적이었다.

다음 수업 관련 협의

앤 선생님 '인간의 흔적(Human Traces)'이 수업의 주제이다. 이 주제는 핀란드 핵심교육과정 중의 하나이다. 주변의 상황이나 사물을 의미 있게 보고 사진을 통해 자기 이야기로 구성하는 것이다. 핸드폰으로 주변 사진을 15~20장 찍어서 메일로 미리 보내도록 과제를 제시할 예정이다. 환경에 대해서 각자 다르게 보는 시각을 키우려고 하는 것이다. '서로 다른 생각을 하고 있는 것을 인정하자.'라는 것이 수업 의도이다.

○반 선생님 그렇게 수업이 진행되었을 때, 평가의 기준은 무엇인가? 모두 다 의미 있다고 판단되면 평가가 어렵지 않겠는가?

앤 선생님 15~20장 사진의 스토리텔링에 대한 자기 평가를 우선한다. 5가지 정도의 질문에 대해 답을 할 것이다. 또한, 발표하는 장면을 보고 교사가 각각의 학생에 대한 피드백을 진행할 예정이다. 서로를 비교하고 평가하지 않는 것이 중요하다. 각 자의 작품마다 들어 있는 생각이 있다.

○반 선생님 이 수업을 통해서 무엇을 기대하고 있는지?

앤 선생님 현대 미술에서 사진의 중요성이 크기 때문에 사진을 찍고 사진을 고르고 이야기를 구성하는 것은 핀란드 교육과정에서도 중요하게 여기는 부분이다.

[출처: 협의내용 녹음자료 중 발췌함.]

애월고 선생님들은 핀란드 미술 교육과정과 수업 전개에 많은 관심이 있었고 현재 학생들의 수업 내용과 학교 상황을 설명했다. 앤 선생님과의 수업을 위해 필요한 준비물과 역할도 서로 협의하였다.

앤 선생님은 수업을 참관한 소감과 자신의 수업 계획에 대해 미술과 선생님들과 의견을 나누었다. 새롭게 시도하고 적용하고자 하는 선생님들의 마음이 전해지는 시간이었다.

학생들과 함께할 다음 수업 시간이 기대되는 날이다.

애월고 1학년 6반 미술수업 참관

내가 본
가장 아름다운
학교

2017년
6월 14일

선인분교를
다녀와서

오늘 선인분교*에 앤 선생님과 방문하게 되었다. 선인분교에는 모두 다섯 명의 선생님이 근무하고 있는데 그중에서 두 분이 교육과정 연구모임 '교실다움**'에 함께하고 있다. 분교장 선생님께 취지를 말씀드리고 오후 시간에 학교로 향했다.

작년부터 교육과정 재구성으로 행복한 학교 공동체가 운영되고 있다는 소식을 가끔씩 전해 들었었다. 학교는 마을 가운데 천연 잔디 운동장과 함께 아담하게 위치해 있다.

우리가 도착했을 때는 방과후학교 교육활동이 진행 중이었다. 모두 40명 학생이 다니고 있는데 3~6학년까지는 국악 수업이 다목적실에서 진행 중이고, 1~2학년 학생들은 우쿨렐레 수업 중이었다. 실내로 들어갈 때 앤 선생님은 신발을 벗고 실내화로 갈아신는 것이 어색한 것 같았다. 그동안 소문으로만 듣던 선인분교 안에 들어가 본 것은 나도 처음이다. 내부는 교실과 다목적실, 컴퓨터실, 교사들의 공간으로 쓰임새 있게 나눠져 있었다. 잠깐 교실에 들렀더니 학생들이 수업 중인데도 스스럼없이 반갑게 인사한다. 수업 중이라서 '안녕하세요?' 인사 정도만 마치고 선생님들의 수업이 끝날 때까지 운동장과 학교 주변을 둘러보았다.

'들꽃 나라'라고 이름 붙여진 야외 야생화 동산을 둘러보면서 앤 선생님은 감탄을 이어갔다. '아름다운 학교!'라고 감탄하면서 자연과 더불어 지내는 학생들이 행복하겠다고 말씀하셨다. 분교장 선

---

* 함덕초등학교 선인분교장, 제주시 조천읍에 위치한 공립 초등학교.
** '교육을 실천하며 다 함께 움직여 나가자'의 자체 약어. 제주교육정책연구소 교육과정 연구모임.

생님은 방학 중에 학교 건물이 옮겨질 예정이어서 '들꽃 나라'를 복원하기는 어려울 것 같다고 아쉬워했다.

'들꽃 나라'를 돌아보는 사이에 선생님들 수업이 끝나 협의실에 모였다. 선생님들이 학교 소개를 하면서 '주제통합' 교육과정으로 수업하고 있는 점과 전 학년이 무학년제로 학습하는 시간이 운영되고 있어 학생들의 '관계'가 남다르고 공동체의식이 많이 형성되어 있다고 말했다.

앤 선생님은 학교 교육과정에서 교과를 통합한 수업은 일상적인 활동이라고 핀란드의 교육 내용을 잠시 소개했다. 주제를 중심으로 융합하여 이루어지는 프로젝트 학습의 예를 들기도 했다. 그 외에도 선생님들은 보살핌이 더 필요한 학생에 대해 핀란드 교사들은 어떻게 대하는지 등을 질문했고 앤 선생님은 특별 교사(Special Education Teacher)가 있어서 행동에 문제가 있는 학생들을 별도로 보살핀다는 대답을 했다. 특별교사는 장애를 가진 학생에 대한 지원을 이야기하는 것이 아니라 학생 개인별 맞춤 지원을 위해 특별히 지원하는 선생님이라는 것도 대화 중에 짐작할 수 있었다.

시간이 지나면서 한 분씩 참여 선생님들이 늘어나고, 자연스럽게 전체협의가 이루어지는 과정을 보면서 평소 선생님들 분위기를 알 수 있었다. 모여서 의논하고 협의하는 분위기가 일상화되어 있는 것 같았다.

선생님들과 협의를 마치고 마을에 있는 '곶자왈 작은학교'를 찾아가 보려고 나섰다. 길을 물으니 집으로 가던 학생이 따라오라고 앞장선다. 6학년 학생이 앞서는데 집에 가던 1학년 학생이 와서 자연스럽게 6학년 학생의 손을 잡는다.

"너희들 형제구나."

이렇게 건넨 말에 돌아오는 6학년 학생의 대답이 인상적이다.

"예, 형제예요. 학교 형제요."

그렇게 대답하고서 둘은 선인분교 운동장을 지나 곶자왈 작은 학교까지 서로 손을 놓지 않았다. 분교장 선생님께서 말씀하신 공동체 교육과 주제 통합학습의 결과가 아닌가 하는 생각이 잠깐 들었다. '관계'는 그렇게 일상적으로 만들어지고 있는 배움이었다.

핀란드에서 오신 앤 선생님은 선인분교를 방문하고 자신의 SNS에 다음과 같이 글을 남겼다.

행복한 아이들이 있는 작은 초등학교
small elementary school with happy children

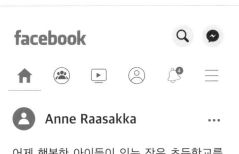

[출처: 앤 라사카의 페이스북에서 (2017.6.15.)]

그리고 앤 선생님은 선인분교 방문 경험을 발표[••]하였다.

📄 행복한 아이들이 있는 작은 초등학교

학교에는 아이들이 식물을 키우는 정원이 있었다. 한국의 모든 초등학교에는 아이들이 식물들을 돌보는 정원이 있다고 들었다. 나는 이것이 책임지는 법과 자연을 감상하는 법을 가르치는 데 좋다고 생각한다. 동시에 아이들은 한국 요리와 관련된 다양한 식용 식물들을 배워 알게 된다. 핀란드 교육과정에는 이런 종류의 활동이 없다. 아마도 핀란드가 매우 춥고 또 겨울이 아주 길어서 식물을 키우기가 쉽지 않은 탓일 것이다.

A small elementary school with happy children .

The school has its own garden where the children grow plants. I was told that all the elementary schools in South-Korea have their own gardens and the children take care of the plants. I think this is a good way to teach how to take responsibility and how to appreciate the nature. At the same time the children learn to know different edible plants, which is related to korean cuisine.In the finnish curriculum we do not have this kind of activity: maybe because it is so cold in finland and the winter is so long that it is not easy to grow plants in finland.

[••] 제주특별자치도교육청, 2017 제주교육 국제심포지엄 자료집, '핀란드 교육자의 시각으로 본 제주교육', 2017.

한국의
초등학교에는
아이들이
식물들을 돌보는
정원이 있다
이것이
책임지는 법과
자연을
감상하는 법을
가르치는 데
좋다고
생각한다

큰 마음을
가진
작은 학교

'곶자왈 작은학교*'를
다녀와서

곶자왈 작은학교 문영주 선생님과

- 제주시 조천읍 선인분교 옆에 있는 마을학교. 아이들이 자연 속에서 다른 생명, 세상 속 다른 사람들과 조화를 이루며 감각을 일깨우고 스스로 자신의 삶을 계획하고 더불어 남을 생각하며 함께 하는 삶을 살아갈 수 있도록 다양한 체험활동을 하는 작은학교.[출처: www.crezone.net]
  '곶자왈(Jeju Gotjawal)'은 숲을 뜻하는 제주어 '곶'과 가시덤불을 뜻하는 '자왈'을 합쳐 만든 글자로 화산이 분출할 때 점성이 높은 용암이 크고 작은 바위 덩어리로 쪼개져 요철(凹凸)지형이 만들어지면서 나무, 덩굴식물 등이 뒤섞여 원시림의 숲을 이룬 곳을 이르는 제주 고유어이다.[출처: 위키백과]

미리 말씀드렸더니 곶자왈 작은학교 문용포 선생님께서 기다리고 계셨다. 선흘분교 방과후학교 수업을 갔다가 돌아오는 길이었다. 곶자왈 작은학교는 선인분교 옆에 있는데 선흘분교에서 아이들과 방과후에 놀이 수업을 담당하고 있다는 말씀을 건네신다. 앤 선생님께 '곶자왈 작은학교'를 설명하고 통역하는 데는 복잡함이 있어서 우리는 모두 문 선생님을 따라 일단 학교(교실) 안으로 들어갔다.

작은 방 둘이 있는 학교, 선생님 말씀처럼 작지만 큰 학교였다. 문용포 선생님 혼자 2006년부터 11년째 운영하면서 주말이면 캠프를 열고 초등학생부터 중·고등학생까지 마을 아이들이 다니는 방과후 마을학교다.

일단, 문용포 선생님께서 그동안 학교 운영과 교육활동에 대한 소개를 해주셨다. 자연에서, 마을에서, 학교에서 놀며 배우며 일해서 제힘으로 제 앞가림하는 아이들이 자라는 학교, 서로 어울려 살아가는 학교를 만들고 싶었다는 문용포 선생님! 그래서 그동안 자연 속에서 함께 놀며 스스로의 감각을 깨우고, 평화캠프와 여행, 제주도 자전거 일주를 통해 사회를 배우는 활동을 했고, 지진으로 피해를 입은 필리핀 아이들 돕기를 위한 평화 장터 등을 운영하는 실천적 배움을 만들어 오셨다고 한다.

그동안 더불어 배우고, 생명과 평화를 위해 실천하고 함께 체험한 아이들은 어느새 자라서 캠프를 스스로 진행하고, 세계 평화 기행을 기획해서 다닌다고 했다.

문용포 선생님의 설명을 듣고 앤 선생님은 "당신의 생각이 나의 생각과 같다. 학교가 못 하는 접근, 새로운 접근을 하고 있는 것 같다."라는 말로 교육자로서의 동감을 표시했다.

11년 동안 이 작은 학교를 졸업한 학생들이 대학생이 되어 다시 찾아오는 것을 보면서 문용포 선생님이 생각하는 것은 '관계의 힘'이라는 것이다. 서로 배려하고 배우고 함께 실천하는 과정에서 키워지는 '관계'를 강조하셨다. 그리고 앞으로도 곶자왈 작은학교는 '마을이 학교이며, 세상이 학교'라는 생각으로 운영해 가겠다는 말씀을 이어주셨다.

마당에 나와서 학교를 다시 보니 처음 학교를 봤을 때보다 참 새롭게 다가온다. 오늘 선인에서는 작지만 큰 학교를 다시 본다. 방과 후 마을학교에 들어오는 아이들 표정이 밝고 환하다.

교육의 역할은 무엇일까? 학생과 학생들이 서로를 배려하고 협력하며 제힘으로 배우고 살아갈 수 있도록 돕는 것이 아닐까?

11년을 이어온 문용포 선생님의 철학과 실천이 국경을 넘어 핀란드에서 오신 선생님과 공유되고 다시 교육에 대해 성찰하게 하는 날이었다.

'큰 마음을 가진 작은 학교*'

'A small school with a big heart'

나는 재미있는 방과후 활동을 많이 하는 작은 학교를 방문했다. 그 학교의 선생님은 자신을 교사라고 생각하지 않고 '서로 배움을 주는 사람'이라고 생각한다. 그곳은 아이들이 자연에 대해 배우기에 완벽한 장소이다. 진짜 배움은 작은 집(학교) 밖에서 일어난다. 아이들은 체험학습 및 지역사회 프로젝트를 하고 있다.

그들은 세계 시민이며 학교는 사회에 직접적인 영향을 줄 수 있는 교수법을 제공한다. 이 방법을 '현상 기반 학습**'이라고 부를 수 있다

I visited a little school where they have a lot of interesting afternoon activities. The 'teacher' does not consider himself as a teacher but a 'mutual guru'. The place is perfect for the children to learn about nature; the real learning occurs outside of the little house. The children are doing field trips and community projects. They are citizens of the world and the school offers programs that allow them to have a direct effect upon society. I could call this method as 'phenomenon-based learning'.

* 제주특별자치도교육청, 2017 제주교육 국제심포지엄 자료집, '핀란드 교육자의 시각으로 본 제주교육', 2017.

** 2016년 핀란드의 새로운 교육과정에서 미래교육을 대비하여 새롭게 시도된 학습방법. 학생들의 주위에서 쉽게 접할 수 있는 현상들에서 학습주제를 정하고 그 주제를 깊게 탐구하기 위해 관련 과목들이 융합되어 수업이 진행됨. [출처: https://blog.naver.com/moeblog/221173832545(교육부 블로그: '미래를 대비하는 핀란드 교육의 새로운 시도']

비교하지 않는 평가
'인간의 흔적'

2017년
6월 23일

애월고등학교 미술 프로젝트 2
(미술수업)

앤 선생님과 함께하는 애월고등학교 미술과 프로젝트 수업은 핀란드 교육과정을 실제 우리 아이들과 수업해보면서 과정중심평가 등에 대해 선생님들과 협의하고 토론하는 과정이다. 참관 수업 이후 2개 반에 3시간씩 실제 프로젝트가 진행되었다.

핀란드 고등학교 교육과정에 포함된 '시각 예술(Visual arts)' 중 '인간의 흔적(Human traces)'이라는 주제로 1학년 5반 학생들과 3시간의 수업을 마무리했다. 6월 16일 1시간, 6월 19일 1시간, 6월 23일 1시간, 이렇게 3시간 프로젝트를 애월고 선생님들과 사전 협의를 하고 앤 선생님이 실제 수업과 평가를 진행하였다. 우리는 이 과정으로 핀란드의 과정중심 평가, 학생 평가의 실제를 함께 토론하고자 하였다.

'과연 영어로 진행하는 수업이 학생들과 가능할까?'

걱정이 조금 있었지만 학생들은 진지하게 수업에 참여했고 애월고 미술과 선생님, 나를 포함한 연구소 장학사님이 함께 참관했다. 영어 선생님께서 수업 중간중간에 학생들이 어려울 것 같은 부분을 통역해서 이해를 도운 것을 제외하고는 수업 진행에 어려움이 없었고 학생들은 궁금한 것을 영어로 질문하기도 하고 한국어로 질문하기도 했다. 학생들이 수업에 참여하는 태도가 적극적이고 의욕적이어서 앤 선생님도 여러 번 '훌륭한 학습자'라고 표현하기도 하였다.

| 6월 16일 | '인간의 흔적' 첫 번째 수업

앤 선생님은 참고자료를 학생들에게 보여주면서 사진에 대해 대화하는 것으로 수업을 시작했다. 여러 사진들을 본 소감을 서로 나누었고 앞으로 수업 진행에 관련된 안내를 했다.

학생들에게 다음 수업을 위한 과제를 주었는데 그것은 다음 시간까지 개별적으로 자기 주변에 있는 '인간의 흔적'을 핸드폰이나 카메라로 찍어서 프레젠테이션 자료를 만드는 것이다.

'누구의 흔적인가?'

'시간이 흔적에 영향을 주는가?'

'어떤 종류의 흔적이 보이는가?'

자기 질문을 가지고 주제를 정해 사진을 15~20장 정도 찍어서 프레젠테이션을 만들도록 했다. 구도를 달리해서 근접 촬영을 할 수 있다는 예시를 통해 방법에 대해서도 자세히 제시하였다. 다음 시간에는 그 자료를 가지고 수업을 진행할 예정이라고 했다.

2017년 6월 16일 금요일 학생과의 첫 만남, 1시간

- 참고 사진 탐색
- 학생들과의 대화
- 여러분이 일반적으로 예술 작품을 접하는 장소는 어디입니까?
- 여러분이 예상치 않게 예술 작품을 보았던 뜻밖의 장소들은 어디입니까?
- 이야기하기: 참고 사진에 숨겨진 뒷이야기들을 말해볼까요?
- 다음 수업을 위한 숙제

이번 과제(프로젝트)에 필요한 총 시간: 학교에서 3시간의 작업과 숙제-스케치, 실험, 사진 촬영, 프레젠테이션 만들기 및 발표, 자체 평가하기

자료: 학생 자신의 스마트 폰(카메라), 컴퓨터(프레젠테이션 발표용)

Friday 16.6.2017 first meeting with the students, one hour

- exploring the reference pictures
- conversation with the students
- What are the locations where you typically encounter works of art?
- What are the unexpected places where you have seen art?
- telling a story: What is the story behind the reference pictures?
- giving homework for the next lesson

TOTAL TIME FOR THE ASSINGMENT: 3 hours of work at school plus homework-incudes sketching, experimenting, taking photos, making and giving presentations, making self-assessments.

MATERIALS: student's own smartphones(camera), computer(for making the presentation)

참고로 보여주는 사진들에 대해서 학생들은 호기심을 보였고, 중간중간 영어로 또는 한국어로 질문을 했다.

일상적인 생활과 자연 속에서 자신만의 의미와 해석이 사진에 담길 수 있겠다는 생각이 들었다. 또, 자신의 일상과 환경을 다시 살펴보는 기회가 되기도 할 것 같았다. 자신만의 생각이 들어 있는 사진을 어떻게 담아올까? 하는 기대가 생겼다.

설레는 1시간 수업이 끝났다.

'과연 어떤 수업이 이루어질까?'

'핀란드 미술 선생님과 제주의 학생들 수업이 가능할까?'라는 여러 생각들이 있었지만 실제는 '그냥' 수업이었다. 핀란드의 교육 과정에 충실하고 학생들의 질문에 답하면서 진행되는 자연스러운 수업 흐름이 오히려 평소 수업 모습처럼 느껴질 정도였다.

수업시간에 앤 선생님 목소리가 작아서 뒤에 앉아 수업을 듣기 에는 많이 집중해야 했다. 영어로 진행하는 수업이라 더욱 집중이 필요했다. 학생도 마찬가지일 것으로 생각되어 수업이 끝나고 다 음 시간에는 조금 목소리를 높여주면 좋겠다고 말씀드렸다.

앤 선생님은 조금 생각하시더니

"수업에는 큰 소리가 필요하지 않아요."라고 말씀하셨다.

수업을 다시 생각하게 하는 말이었다. 교사의 소리를 들으려면 학생들은 자연스럽게 조용하고 차분한 자세로 교사에게 집중할 수밖에 없겠지. 그래서 학생들이 수업에 더 집중하고 있었을까?

다음 수업이 어떻게 될까, 또 다른 면에서 기대되었다.

| 6월 19일 | '인간의 흔적' 두 번째 수업

오늘 수업을 위해서 앤 선생님은 자리 배치를 둥글게 만들어주길 요청하였다. 학생들 좌석을 둥글게 만들어 앉고, 앤 선생님은 아이들과 눈을 맞추며 수업을 진행했다.

앤 선생님이 지난 수업 시간 이후 이메일로 받은 학생의 프레젠테이션을 소개하였다. 작품을 만든 학생이 나와서 설명하고 난 후 친구들의 질문을 받고, 앤 선생님이 답변과 피드백하는 순서대로 수업이 진행되었다.

학생 작품 설명과 질문을 듣다 보니 학생들은 핀란드 선생님의 첫 시간 강의를 내가 생각했던 것보다 훨씬 잘 이해하고 있었다. 나름대로 자신의 생활에서 발견한 시간의 흔적, 인간의 흔적을 사진으로 촬영하고 프레젠테이션으로 만들어 과제를 제출했다. 그 중에 한 작품을 앤 선생님이 공개 피드백하는 과정을 참관하였다.

일상생활에서 자신에게 의미 있는 내용을 사진으로 촬영하고 스토리를 만들어낸 학생들의 작품이 생각보다 진지했다. 작품 설명을 학생이 하고 학생에게 의도나 내용에 대해 질문하고 피드백 해주는 과정이 자연스러웠다.

앤 선생님과 미술과 학생들은 한두 번의 만남만으로도 언어의 한계와 국가교육과정의 다름을 넘어 수업과 평가가 이루어지며 상호작용할 수 있었다.

교육은 학생의 성장을 만들어 가는 과정이며 국가나 언어를 넘어 본질적으로 다르지 않음을 다시 확인하게 되는 시간이었다.

| 6월 23일 | '인간의 흔적' 세 번째 수업

앤 선생님은 학생의 과제를 소개하고 직접 학생이 나와서 설명하도록 했다. 학생들은 영어를 섞어 쓰면서 자신의 작품을 소개했고, 앤 선생님은 지난 시간과 마찬가지로 작품에 대한 피드백을 통해 전체 학생들과 공유했다.

앤 선생님은 마지막 수업이라는 점에서 학생들에게 자신의 작품집(포트폴리오)을 만드는 방법과 중요성을 말씀하였다. 학생 작품집을 예시로 보여주고 학생들에게는 제출된 프레젠테이션에 마지막 자기 평가를 작성하도록 안내했다.

자기 평가는 핀란드 교육과정에서 중요한 평가 방식으로 여러 번 강조했다. 작품집을 만든 후 계속적인 자기 평가와 교사의 피드백을 통해 완성하도록 안내함으로써 비교하지 않고 스스로의 생각과 표현을 중요하게 여길 수 있게 한다는 것을 알 수 있었다.

특히, 자기 평가를 위한 질문들은 스스로 자기 작품과 과정을 성찰할 수 있도록 안내하고 있다. 다 완성하고 난 뒤에도 배움의 과정에 대한 스스로의 질문에 대한 답을 쓰도록 함으로써 다른 사람과의 비교가 아닌 자기 배움의 과정을 성찰하고 더 나은 방법을 고민할 수 있도록 하고 있는 것이 특별하게 다가왔다.

앤 선생님이 수업 마무리에 사용했던 '자기 평가와 작품집'에 대한 안내자료[*]이다.

● 제주특별자치도교육청, 2017 제주교육 국제심포지엄 자료집, '핀란드 교육자의 시각으로 본 제주교육', 2017.

인간의 흔적/학생 자기 평가와 교사 평가

프레젠테이션 후에 자신의 작품집에 적으세요

o 흔적 따라가기에 대해 무엇을 배웠나요? 이제 주변 환경이 새롭게
   보이나요? 그렇다면 어떻게 새로운가요?

o 직접 주제를 고르는 일이 쉬웠나요? 아니면 어려웠나요?
   이에 대해 자세히 알려주세요

o 바른 구도(최 원거리 촬영~최 근접 촬영)를 어떻게 선택했나요?
   쉬웠나요?

o 비주얼싱킹과 스토리텔링은 어땠나요? 쉬웠나요? 어려웠나요?
   이에 대해 자세히 알려주세요

o 자신의 작품집에 자기 평가를 포함시키세요

작품집 마지막에 전체 학습과정에 대한 자신의 생각을 쓰세요

o 무엇을 배웠나요?(활동지를 보세요)

o 어떻게 성공했나요? 어려운 것이 있었나요? 어려운 이유는?
   쉬웠던 것은?

o 가장 마음에 드는 자신의 작품은? 그 이유는?

o 가장 마음에 드는 워크시트는? 그 이유는?

o 다시 한다면, 무엇을 하고 싶은가요? 그 이유는?

o 좀 더 배우고 싶은 것이 있나요? 선생님께 알려주세요

교사의 평가

o 과정 시각화, 시각적 사고(포트폴리오)

o 다른 구도 사용

o 스토리텔링 및 분위기 전달 방법

Human trace/self-assassment and teacher's assessment

SELF-ASSESSMENT
o Write on your portfolio after the presentation:
o What did you learn about following traces? Do you see your environment ina different way now? How?
o In your experience, was it easy or difficult to choose the theme? Tell more about that!
o How did you choose the right composition(from Extreme Long Shot to Extreme Close-up)? Was it easy?
o What about visual thinking and telling a story, was it easy or difficult? Tell more about that!
o In clude your self-assessment into your portfolio.

In the end of your portfolio write down your ideas of the whole learning process:
o What did you learn(look at the worksheets)?
o How did you succeed? Was something difficult? why? what was easy?
o What was your best artwork? Why?
o What was your favorite worksheet? Why?
o What would you to do again? Why?
o Would you like to learn something more? Tell regards to teacher!

TEACHER'S ASSESSMENT
o Visualization of the process, visual thinking(the portfolio)
o Using different compositions
o Story telling and how mood is conveyed

교육은 학생의 성장을
만들어 가는 과정이며
국가나 언어를 넘어 본질적으로
다르지 않음을 확인하게 되는 시간이었다

앤 선생님은 40일간[**]의 공동연구 결과를 「2017 제주교육 국제 심포지엄」[**]에서 발표하였다. 그 발표자료 중에서 '인간의 흔적' 프로젝트에 대한 소감[***]을 아래와 같이 소개하였다.

애월고등학교 학생들의 작품집과 자기 평가

- '인간의 흔적' 작업은 애월고등학교 학생에게 쉽지 않았다.
- 학교에서는 작품집을 만들고, 자기 평가할 시간이 없어서 집에서 만들었다.
- 학생들은 사진과 함께 영문 텍스트를 사용하였다.
  - → 이 방법이 처음에는 좋아 보이지 않았지만 나중에는 외국어를 배우는 좋은 방법이라는 것을 깨달았다. → 학생들도 이 방법에 동기 부여가 되었다.
- * 오직 두 명의 학생만 자기 평가를 보내왔다.
- 학생들은 자기 평가에 익숙지 않아서 매우 어려워했다.
- * 학생들과 배움 대화를 나눌 시간이 없었다.
  - → 핀란드에서 나는 모든 학생과 개인적인 대화를 나누고, 이것은 배움의 과정에 필수적이다.

[**] 공동연구(2017.6.12.~7.21.): 제주특별자치도교육청 제주교육정책연구소에서 진행한 핀란드 연구위원(앤 라사카) 초청 공동연구.
[**] 2017 제주교육 국제심포지엄(2017. 12. 1.~12. 2.): '평가혁신으로 미래를 새롭게'라는 주제로 제주한라대학교에서 제주특별자치도교육청 주최로 개최됨.
[***] 위의 출처와 동일함.

Student's portfolios and self-assessment in Aewol

- the assignment "Human traces" was not easy for the Aewol students
- the students didn't have time to make the portfolio and self-assessments at school, but they made them at home instead
- the students used text(English) with the pictures→in the beginning that was not the idea but afterwards I realized that this is a very good way to learn the language →the students were motivated to learn that way
- the students sent me only two self-assessments
- * students were not used to making self-assessments and find them quite difficult to make
- I didn't have time to have learning conversations with students
- * In Finland, I have individual conversation with every student, which is essential to learning

다음은 '인간의 흔적' 수업에 참여한 애월고등학교 학생이 앤 선생님께 제출한 자기 평가의 일부분이다.

자기평가 :::

당신은 지난 발자취에서 무엇을 배웠나요? 자신의 처한 환경을 다른 시각
으로 살펴보나요? 그렇다면 어떻게 보나요?
이번에 제가 묵묵히 가는 길을 꼼꼼하게 살펴보는 계기가 되었고, 특히 저
를 둘러싼 환경을 다시 살펴보면서 평범한 나의 일상이 많이 변했다.

당신의 경험상, 주제를 정하는 것은 쉬웠나요? 어려웠나요?
저는 이런 경험을 해 본 적이 없다. 그래서 처음에는 부담되고 힘들었지만
추후 과제를 하면서 무척 즐거웠다.

어떻게 적절한 구도을 선택하나요?(아주 길거나 짧은 구성부터 익스트림
클로즈업까지) 쉬웠나요?
예전에 이런 경험이 없어서 구도를 정하는 것 또한 쉽지 않았다. 제가 가장
좋아하는 사진은 근접 촬영한 장미 사진이다. 그 장미 꽃잎이 정말 인상 깊
었다.

시각적인 것과 이야기를 하는 것은 쉬웠는가? 어려웠는가?
상상력이 부족하다는 것을 깨달았다. 무엇을 찍어야 할지 궁금했다. 이야
기 없는 사진들이 많았다. 주변의 사진들은 그냥 지나가기도 했고 사랑스
럽기도 했다.

:::• 제주특별자치도교육청, 2017 제주교육 국제심포지엄 자료집, '핀란드 교육자의 시각으
로 본 제주교육', 2017.

Self -Assessment

What did you learn about following traces? Do you see your environment in a different way now? How?

This opportunity led me to look carefully at the path I walking alone. The ordinary day has changed specially seeing things around me again.

In your experience. Was it easy or difficult to choose theme?

I've never had this experience before. So I was very upset at first. However. I enjoyed doing my homework very much.

How to choose the right composition(from extreme long short to extreme close-up)? Was it easy?

It was also not easy to compose. Beause I've never done anything like this before, My favorite picture is close-up of a rose. The rose petals were very impressive.

What about visual thing and telling a story. Was it easy or difficult?

I realized that my imagination lacked imagination I wondered what to take pictures of, There were many pictures without stories. They were just passing by and they were lovely.

비교하지 않는 평가
'풍경화와 황금 비율'

2017년
6월 23일

애월고등학교 미술 프로젝트 3
(미술수업)

'풍경화와 황금 비율(Landscape and golden ratio)'은 1학년 6반에서 진행된 3시간 프로젝트이다. 이 주제 또한 핀란드 고등학교 '시각예술' 교육과정의 한 영역이다.

1학년 5반과 마찬가지로 6월 16일, 19일, 23일 각 1시간씩 이루어진 수업은 다른 주제로 진행되었기에 또 다른 호기심이 있었다.

| 6월 16일 | **'풍경화와 황금 비율' 첫 번째 수업**

6월 16일 첫 시간, 5반 수업을 마치고 6반에서 수업이 이어서 진행되었다. 먼저, 앤 선생님은 참고자료를 통해 공부할 내용을 안내하였다.

2017년 6월 16일 금요일 학생과의 첫 만남, 1시간

● **참고사진 보기**

학생은 다음을 배우게 됩니다.

● 풍경화를 그리고 아크릴 물감 사용

● 색상과 물체 크기로 거리 표현, 큰=가까운, 작은=먼

● 색상 사용

● 황금 비율 선에 사물을 설정하여(그려서) 황금 비율 인식

시간: 3차시

재료: 아크릴 물감, 붓, 스폰지, 두꺼운 그림 용지(크기 A2)

Friday 16.6.2017 first meeting with the student, one hour

● **Looking at reference pictures(see following picture slides)**

The student will learn to

● paint a landscape and use acrylic paint

● express distance with colors and with object sizes, big=close-
  small=fara way

● the use of colors

● recognize the golden ratio by setting(painting) objects in the golden
  ratio line

TIME: three lessons

MATERIALS: acrylic paint, brushes, sponges, thick painting paper
                (size A2)

　명화(名畵)와 참고 미술작품을 통해 황금 비율을 빨리 정의하는 방법에 대한 안내가 상세하게 이루어졌다. 황금 비율에 대한 설명과 학생들의 질문을 통해 자신의 작품을 구상하도록 하였다.

　중간중간 어려워하는 듯한 부분에서는 영어 선생님께서 다시 설명해주시기는 했지만 전반적으로 앤 선생님의 설명과 안내를 이해하고 따라하는 학생들이 대견하기도 했고 신기했다. 학생들은 적극적으로 수업에 참여하였고 학습이 전반적으로 자연스럽게 진행되어서 다음 시간 계획도 공유하였다.

| 6월 19일 | '풍경화와 황금 비율' 두 번째 수업

　이 시간은 공개 수업이 예정되어 있었다. 핀란드 선생님의 미술 수업을 궁금해하는 분들이 많다고 앤 선생님과 애월고 선생님들께 말씀드렸더니 흔쾌히 허락해주셔서 관심 있는 선생님들께 수업이 공개되었다. 예상 외로 많은 제주도내 미술 선생님들과 교육전문직 선생님들이 수업에 참여하였다.

앤 선생님은 지난 시간 설명에 이어 황금비를 찾는 예시 자료를 보여주는 것으로 수업을 시작하였다. 직접 A2 용지에 개인별로 풍경을 그리고 서로 다른 푸른색을 이용해서 하늘을 칠하도록 했다. 단순히 색칠하는 것이 아니라 스폰지 등을 이용해서 자기만의 특성을 살려 색을 만들고 칠하도록 하는 모습이 인상적이었다.

그 과정마다 학생 스스로 자신의 작품을 사진 찍도록 했다. 이것은 자신의 작품집(포트폴리오)으로 만들어지고 자기 평가와 교사의 피드백이 더해질 것이다. 교사의 전체 설명은 짧았고 학생 개인별 지도를 통해 작업에 대한 개별 피드백이 있었다. 영어로 말하는 선생님과 학생들의 소통은 문제없었고 수업은 원만히 이루어졌다. 이날 수업은 도내 언론에서도 촬영을 왔었고 뉴스로 방영되었다.

'핀란드 선생님의 미술수업'에 대한 호기심으로 여러 언론사나 많은 선생님이 공개수업에 참여했지만 앤 선생님이나 학생들은 지난 시간처럼 자연스럽게 수업을 진행했다. 수업은 차분했고 목소리는 낮았으며 아이들과의 상호작용을 중심으로 전개되었다.

그 부분도 약간은 예상 외의 상황이었다. 핀란드에서 온 앤 선생님은 언론의 수업 촬영이나 많은 선생님의 참관에 개의치 않는다는 것이다. 오히려 여러 언론사의 질문에 과정중심평가나 학생 개인별 평가의 중요성을 강조하며 흔쾌히 대답했다. 학생들도 마찬가지였다. '부담을 느끼면 어쩌나.' 하고 걱정했던 것은 나의 기우에 지나지 않았다.

수업은 수업일 뿐이라는 듯, 핀란드나 제주나 학생이 있고 배울 내용이 있으니 그저 수업을 하고 있는 듯하다. 수업 중에 학생과 상호작용하고 개인별 피드백하고 학생의 질문에 대답하면서 진행되는 수업이 오늘도 물 흐르듯 자연스럽다. 선생님도, 아이들도. 그 점도 오늘 참 새롭다. 본인의 수업에 대한 외부의 참여나 질문에 흔쾌하고 당당하던 선생님 모습이 인상적이었다.

| 6월 23일 | '풍경화와 황금 비율' 세 번째 수업

'풍경화와 황금 비율' 프로젝트를 마무리하는 날이다.

앤 선생님은 지난 시간에 색칠한 종이에 선으로 황금비를 나누도록 하였다. 사물을 선택하여 황금비를 나눈 선에 그리고 채색하도록 했다. 자신의 작품이 완성되어 가는 과정을 학생 스스로 촬영하도록 하는 것을 잊지 않고 과정을 촬영한 작품집에 자신의 평가를 넣도록 강조하였다. 한 명 한 명 돌아다니며 개인적으로 작품에 피드백을 하였고 직접 색칠을 돕기도 했다. 앤 선생님이 수업을 마치면서 자신의 포트폴리오를 만들어 이메일로 보내도록 안내하고 학생들과의 인사로 수업을 마무리했다.

앤 선생님은 프로젝트를 마무리한 후에 학생들의 작품집을 메일로 받고 피드백한 결과를 아래와 같이 발표*하였다.

● 제주특별자치도교육청, 2017 제주교육 국제심포지엄 자료집, '핀란드 교육자의 시각으로 본 제주교육', 2017.

앤 선생님은 촬영이나 많은 선생님의 참관에 개의치 않는다. 학생들도 마찬가지였다. '부담을 느끼면 어쩌나.' 하고 걱정했던 것은 나의 기우에 지나지 않았다.

애월고등학교 학생의 작품집과 자기 평가

- 학생들이 크게 동기 부여가 되었고, 재능이 있었으며 배우려는 열정이 있었다.
- 우리의 협업은 매우 잘 되었다.
- 시간이 충분치 않았다:
  - 학생들은 학교 미술 선생님과 프로젝트를 마무리해야 했다.
- 내가 학생과 배움 대화를 할 시간을 갖지 못했다.
- 학생들에게 작품집에 자기 평가를 써서 보내라고 했지만,
  - 작품집이 3개만 제출되었다.
  - 시간이 충분했다면, 모든 학생이 작품집과 자기 평가를 완성했을 것이다.
- 더 많은 시간이 허락되어서 본 프로젝트 기간 중에 학생들을 더 지도하고, 지속적인 평가가 가능했으면 좋았을 것이다.: 지속적인 평가는 학생이 작품집을 만들고, 자기 평가를 하는 데 도움이 되었을 것이다.

Students' portfolios and self-assessment in Aewol

- the students were extremely motivated, talented and very eager to learn
- our cooperation was very good

- these was not enough time: the students had to finish the project with their own teacher
- I didn't have time to have learning conversations
- I asked the students to send me their portfolios which shoud include the self-assessment
  - I only got three portfolios
  - if we had had more time everybody would have done the portfolio and self-assessment
- I wish I had had more time to teach and to make continuous assessmemt during the project; continuous assessment would support the making of the portfolio and self-assessment

앤 선생님과 애월고등학교 선생님들과의 미술 프로젝트를 마무리했다.

핀란드와 제주라는 국경을 넘어 사전에 교육과정과 수업에 대한 계획을 이메일로 소통하고 실제 각 반에서 3시간씩 6시간의 프로젝트가 진행되었다.

매일 수업이 끝날 때마다 미술과 선생님들과 협의를 통해 서로의 생각과 소감을 나누었다. 핀란드의 미술교육과정으로 과정중심 평가를 진행하는 경험을 공유하고 서로에 대해 배우자는 프로젝트를 마무리하면서 많은 생각을 하게 되었다.

수업 내내 학생 스스로의 '자기 평가' 중요성을 강조했고, 학생들의 작품은 모두 다르며 학생 개인이 각자 결정하도록 장려했다.

교사는 대화를 통해 계속적으로 지지하고 평가해야 한다는 것을 실제 경험할 수 있는 귀한 기회였다.

결국, 스스로 배움을 성찰하고 완성해 감으로써 자신의 성장을 만들어 가도록 지원한다는 것, 남과 비교하지 않고 자신과의 대화를 통한 배움을 중요하게 여긴다는 것을 수업을 통해 느낄 수 있었다.

애월고등학교 미술과 학생들의 수업을 보면서 새로운 깨달음을 얻었다. 영어로 진행하는 핀란드 선생님의 미술수업에 상호작용이 가능할까? 했던 걱정은 기우였다. 자연스럽게 선생님과 소통하며 수업이 이루어졌고, 안내에 따라 자신의 작품을 만들었으며 자기 평가를 작성했다. 앤 선생님의 소감처럼 시간이 부족하여 학생들과 '교육적 대화'를 많이 못 했고 '지속적인 평가'를 함께하지 못했으나 주어진 시간 안에서 학생들이 보여준 수업과 작품들은 더 많은 가능성을 생각하게 해주었다.

학생들은 새로운 경험이었다고 소감**을 말했다. 학생 각자의 표현 방식을 존중하고 개별 피드백과 대화를 통한 상호작용으로 '비교하지 않는 평가'를 조금이나마 경험하는 기회가 되었다. 앤 선생님이 심포지엄에서 많은 사람들에게 발표했듯이 학생들의 적극성과 배우고자 하는 노력은 훌륭했다.

애월고등학교 미술과 선생님들의 열정이 감동적이었다. 수업을 위해 계획단계에서부터 프로젝트 진행과 마무리까지 항상 적

●● 언론 인터뷰 - https://www.youtube.com/watch?v=GpTSCjU_yug&app=desktop

극적으로 함께해주셨다. 새로운 경험에 대한 선생님들의 열정이 학생들에게 핀란드 선생님과 수업에 진지하게 참여할 수 있는 시간을 만들어 줄 수 있었던 것 같다.

핀란드 고등학교 미술(Visual Arts) 교육과정과 비교하지 않는 평가 방식은 애월고등학교 학생들과 어떻게 만나는지 매우 진지하고 신기하게 살펴보았던 프로젝트를 마무리했다.

더 많은 토론은 또 남겨진 과제이겠지만 함께한 경험이 있었기에 더 구체적으로 내실 있게 만들어 갈 수 있을 것 같다.

토론에 참여했던 제주교육정책연구소 선생님 소감이 인상적이었다.

토론 참여 소감문

앤 선생님이 평가에 관련한 이야기 끝에 항상 하시는 말씀이 있다.

'절대 학생들을 비교하지 않는다'라는 것이다. 우리와 환경이 다르다고 해서 학습의 본질이 달라지는 것은 아니라는 생각을 하게 된다. '시험 잘 봐야 하니까' 라는 것을 강조하며 시험을 잘 보는 것이 공부의 목적인 것처럼 수업 장면을 만들어온 면이 없지 않다. 시험을 잘 보는 것이 학습의 목표가 아니라 자신의 성장을 위한 학습 자체를 목표로 삼아야 한다. 이에 도달하기 위한 단계를 스스로 확인하게 하고 지원하기 위한 것이 평가라는 인식을 바탕으로 수업

과 평가의 관점을 갖도록 하여 학습에 대한 본질을
놓치지 말아야 한다는 생각이다.

2017 제주교육정책연구소 파견교사 김○○의 글

행복한
선생님들을
만난 시간

2017년
7월 3일

광양초등학교를
다녀와서

광양초등학교는 다흔디 배움학교* 2년차 운영 중이다. 활기차고 의욕적인 선생님들을 만날 기대감으로 학교에 도착했다. 광양초등학교도 교육과정 연구모임에 참여하는 선생님이 근무하고 있어서 공동연구의 취지와 의도를 사전에 의논하고 방문하게 되었다.

앤 선생님과 도착해서 교장실에 들어가니 교장 선생님께서 학교 현황을 자세히 설명해 주셨다. 자세한 안내 속에는 학교에 대한 자부심과 사랑이 느껴졌다. 이어서 교장 선생님께서 직접 학교 이곳저곳을 안내해 주셨다.

방과후 교육활동으로 이루어지는 관악(管樂)부 연습, 병설 유치원 원아들 생활을 살펴보았다. 앤 선생님도 어렸을 때 관악부 활동을 했었다고 하면서 학생들 연습 장면을 촬영하기도 했다. 10년 정도 운영되어 왔다는 관악부 활동은 규모나 연습 장면에서도 전통을 보여주는 것 같았다. 여러 악기를 연주하는 학생들 모습을 유심히 살펴보고 자리를 옮겼다.

1층에 자리 잡은 도서관은 학생들이 책을 읽기에 쾌적한 환경이었고, 학부모님들이 자원봉사로 명예사서 활동을 하고 있었다. 예전에 광양초등학교에 근무했던 기억**을 떠올려보니 참 많이 달라졌다는 생각이 들었다. 특히 도서관은 아이들이 책을 읽고 싶은 환경으로 변해 있었다.

방과후학교 활동으로 컴퓨터 공부를 하고 있는 학생들까지 보

* 제주특별자치도교육청이 2015년부터 지정·운영하고 있는 제주형 자율학교(제주형 혁신학교). '다 함께 배우고 성장하는 학교'라는 뜻을 가지고 있음.
** 저자 근무: 2003. 3. 1.~ 2004. 2. 29.

고 나서 선생님들을 만나기 위해 교사 연수실로 향했다.

교사 연수실에는 교장, 교감 선생님을 비롯해서 학교 선생님 모두가 기다리고 계셨다. 환하고 밝은 웃음이 있는 선생님들을 보면서 평소 선생님들이 만들어가는 학교 분위기가 떠올려졌다.

선생님들은 핀란드 교육에 대해서 궁금한 내용들을 질문하려고 준비해오셨다. 미리 만남을 꼼꼼히 준비하신 연구부장님 마음 씀이 느껴졌다. 학교를 방문할 수 있는지 연락드렸을 때, 연구부장님은 다른 선생님들과 의논해보았더니 좋은 기회가 될 것 같다고 동의했다는 말씀을 전해 오셨다. 흔쾌히 방문을 허락해주신 선생님들께 감사할 뿐이다.

선생님들은 많은 질문을 하셨다. 핀란드의 교육과정, 방과후학교 운영, 교사의 수업시수, 특수학급 운영, 학부모상담, 교육과정 재구성 방법, 그리고 광양초등학교를 둘러본 소감 등. 모든 선생님이 묻고 답하는 시간에 진지하게 참여하셨고 교장 선생님과 교감 선생님도 끝까지 자리를 함께했다. 교장, 교감 선생님께서는 토론 중간에 학교 사례를 말씀해주시기도 했다.

열띤 토론 분위기는 퇴근시간이 다 되어서야 마무리되고 현관을 나서는 순간까지 복도에서도 질의응답이 이어졌다. 함께 있을 때 다 못한 질문이라며 따라 나온 선생님과의 대화를 마지막으로 학교를 나섰다.

모든 선생님이 참여하고 어떤 얘기도 서로 주고받는 허심탄회한 분위기였다. 적극적으로 자신의 의견을 표현하고 서로 토론하면서 행복한 얼굴로 참여하는 선생님들이 만들어가는 학교문화가 기대되었다.

앤 선생님은 2017 제주교육 국제심포지엄에서 광양초등학교에 다녀온 소감을 아래와 같이 발표**하였다.

📄 초등학교 및 방과후 활동

한국 학교에는 다양한 종류의 방과후 활동이 있다. 아이들을 위한 취미 활동을 할 수 있도록 체계화시켜주는 것을 보는 것은 매우 좋다.

핀란드 초등학교에서는 학교에 머무르는 시간이 짧다. 아이들은 보통 오후 1시에 학교를 떠나고 부모가 직장에서 집으로 돌아올 때까지 (보통 오후 4~5시에) 집에 혼자 있다. 초등학교 교사의 근무 시간은 대개 오전 8시부터 오후 1시 또는 오후 2시이다. 핀란드 어린이들은 저녁에 음악 / 예술 / 춤 수업, 스포츠 클럽 같은 취미 활동을 한다. 핀란드에는 '저녁 학교'가 없다.

Elementary school and afternoon activities

There are different kinds of afternoon activities in South-Korean schools. It is great to see that organize hobbies for the children.

** 제주특별자치도교육청, 2017 제주교육 국제심포지엄 자료집, '핀란드 교육자의 시각으로 본 제주교육', 2017.

In Finland, the school days are short in elementary school; the children leave the school usually at 1 pm and they are home alone until their parents come home from work(normally at 4~5 pm). Elementary school teachers' working hours are usually from 8 am to 1 or 2 pm the evening Finnish children have hobbies like music/art/ dance lesson, sport club etc. In Finland we don't have 'evening school'.

자신의 의견을
표현하고
서로 토론하며
참여하는
선생님들이
만들어가는
학교문화가
기대되었다

함께
더 멀리

서귀포여자중학교를
다녀와서

서귀포여중에 다녀왔다.

앤 선생님과 함께 방문할 곳을 정하는 것은 많은 고민과 노력이
필요하다. 서로 공통적으로 이야기할 수 있는 주제가 있는 학교,
다양한 교육활동을 보고 토론할 수 있는 학교, 무엇보다 선생님들
요청이나 동의가 있는 학교, 바쁜 시간 함께한 선생님들께 도움이
될 학교, 학교 급별, 학교 규모 등. 여러 가지 고민 속에서 학교에
전화를 하고 가능한 학교를 찾을 수밖에 없다.

서귀포여중 방문은 그런 면에서 좀 특별했다. 우선, 교육과정
연구모임에 참여하는 선생님께 서귀포시에 근무하는 중학교 선생
님들과 만나고 싶다는 것을 말씀드렸더니 선생님들께서 몇 학교
의 전문적 학습공동체가 모여서 만남을 만들고 싶다고 처음에 답
이 왔다.

며칠 뒤에 다시 연락이 왔는데 여자 중학교 수업을 보시면 좋을 것 같아서 서귀포여중 선생님께 말씀드렸더니 선뜻 수락해주셨다는 말을 전해왔다. 그리고 학교에서 그 이후에 선생님들과 이야기 나누는 시간을 가지면 좋겠다는 의견까지 함께 전해주셨다.

서귀포시에 있는 중학교 선생님들과의 만남을 제안했을 뿐인데 돌아온 답은 수업을 공개하고 수업 후에 협의도 가능할 것 같다는 답변이었다. 무엇보다 감사한 것은 지역 선생님들끼리 가장 좋은 방안을 고민하고 의논해서 마련해준 기회라는 점이었다.

함께 고민하고 수업을 기꺼이 공개해주신 선생님께 감사 인사와 방문을 허락해주신 학교 교장, 교감 선생님께 미리 전화만 드리면 되는 정말 뜻밖의 결과가 생긴 것이다. 감사할 뿐이다.

학기말 시기에 선생님들의 바쁨을 잘 알고 있는데 선생님들이 자발적으로 의논하고 만들어주신 기회가 정말 의미 있게 다가왔다. 그래서 학교 방문하러 가는 길은 더 기대되었고 설렜던 것 같다.

앤 선생님과 함께 서귀포여중으로 가는 길, 제주교육정책연구소*에 파견오신 김 선생님은 우리 안내를 위해 흔쾌히 동행해주셨다. 서귀포시에 살고 있는 선생님은 서귀포시 중학교 상황 설명과 길 안내까지 자세히 담당해주셔서 더 고마웠다.

1학년 3반 교실. 학교를 찾느라 수업 시작 시간에 빠듯하게 도착해서 분주하고 죄송한 마음은 어느새 아이들의 밝은 환영으로

● 제주특별자치도교육청 정책기획실 소속, 2015년부터 운영.

사라지고 있었다. 교실 뒤쪽으로 살며시 들어갔는데도 수업 바로 시작하기 전인 듯

"헬로우?"

"핀란드, 산타클로스의 고향에서 오셨죠?"

예상치 않은 아이들의 질문이 밝다. 중학교 1학년이어서 그런지, 평소 활달하고 명랑한 모습으로 지내는 분위기가 한꺼번에 확 전해왔다. 본의 아니게 짧은 인사를 마치고 선생님 수업을 참관하게 되었다.

인구 노령화에 따른 사회 문제를 해결하는 프로젝트 학습 첫 시간이었다. 《창문 넘어 도망친 100세 노인》**이라는 책을 활용해서 질문으로 열어가는 수업이었다. 학생들의 의견을 수렴하고 해결

●● 요나스 요나손(Jonas Jonasson) 지음, 《창문 넘어 도망친 100세 노인》, 열린책들, 2013.

할 문제에 접근해가는 수업 전개가 흥미진진했다.

학생들은 자연스럽게 자신의 이야기를 내놓고 또 형식에 구애됨 없이 토론하고 의견을 정리해나갔다. 선생님은 학생들의 답을 통해 다시 이 프로젝트에서 해결하고자 하는 과제에 접근했다. 독서를 통해 사회적 문제에 접근하는 프로젝트 학습이었고 수업 시간에 학생들은 적극적으로 참여했다.

수업을 끝내고 선생님께서,

"평소에 하던 대로 그냥 수업했어요."라고 하시며 인사를 건네셨다. 생각해보니 선생님과는 별도 인사도 없이 수업을 참관하게 되었다. 처음 뵙는 선생님, 핀란드 선생님과 함께 인사를 드리게 되어 반갑기도 하고 감사하기도 했다. 며칠 전에 드린 제안에 선뜻 수업 공개를 허락해주신 점에 더 감사하다고 말씀드렸다.

수업 참관에 대한 소감을 서로 건네게 되었다. 앤 선생님도 학생들이 적극적으로 수업에 참여하는 모습, 책에 대해 서로 의견을 토론하는 장면들이 인상적이었다고 말씀하셨다. 자유롭게 자신의 의견을 발표하고 참여하는 학생들 모습이 나에게도 새롭게 다가왔다.

교장실에 들러 잠깐 인사를 드렸다. 학교가 참 아름답다는 말씀을 드렸더니 여러 번의 리모델링이 있었다고 하셨다. 학교가 습기가 많았는데 실내 벽을 나무로 바꾸고 복도는 모두 벽돌로 바꾸었더니 이제 습기가 많이 없어졌다고 하셨다. 말씀을 듣고 보니 수업한 교실에서 보았던 나무 재질의 벽면이 새롭게 보였다. 특히, 도교육청의 여러 교육정책들이 '교육본질'에 대한 접근이어서

학생들의 평가에 대한 관점
교사에 대한 생각과 제도들
교육시스템에 대한 질문과 대답
핀란드 교육에 대한 궁금함보다는
선생님들의 고민을 알 수 있었다

의미 있게 생각하신다는 말씀이 깊이 남았다.

선생님들과의 협의를 위해 도서실로 올라갔다. 학기말이라 바쁜 시간임에도 참여한 여러 선생님들과 함께 토론이 이어졌다. 학생들의 평가에 대한 관점, 교사에 대한 생각과 제도들, 교육시스템에 대한 다양한 질문과 대답을 들으면서 핀란드 교육에 대한 궁금함보다는 오히려 선생님들의 현재 고민을 알 수 있었다. 많은 시간을 얘기할 수 없음에 아쉬움을 뒤로하면서 학교를 돌아 나왔다.

학교 구석구석 학생들의 배움을 지원하기 위한 배치와 배려가 눈에 들어왔다. 복도를 나오는데 학생들이 스스럼없이 다가와 앤 선생님과 사진을 찍자고 했다. 수업 참관할 때도 느꼈지만 학생들이 참 밝고 활기차다. 선생님들도 바쁘고 어려운 상황에서도 학생들의 성장을 위해 노력하고 있음을 구석구석에서 느낄 수 있었다. 교장 선생님께서 내내 안내해주시고 배웅해주시는 따뜻함에 더 감사하고 고맙다.

'함께 더 멀리.'

학교 중앙현관 복도에 붙여진 문구가 더 의미 있게 다가왔다. 핀란드, 제주, 학생, 선생님 모두 함께 더 멀리 갈 수 있는 길을 만들어가고 싶다는 생각이 돌아오는 내내 들었던 날이었다.

스스로를
믿으세요

핀란드 교육전문가와 함께하는
교육 워크숍을 마치고

「핀란드 교육전문가와 함께하는 교육워크숍」을 마쳤다. 1강~4강에 걸쳐 신청을 받고 워크숍이 진행되었다. 1강은 핀란드의 교육시스템, 2강은 핀란드의 교육과정, 3강과 4강은 핀란드의 학생평가가 주제였다.

처음 계획은 심도 있는 워크숍을 진행해보고자 참여 인원을 선착순 30명으로 제한한다고 했으나, 각 회별 신청인원이 250명을 넘는 상황이 발생했다. 학기말이라는 시간과 연일 재난 문자가 오는 폭염 날씨를 감안하면 가히 예상을 넘는 관심과 호응이었다.

이 상황에서 이렇게 많은 선생님이 참여하시고자 하는 뜻은 무엇일까? 교육과정, 과정중심평가에 대한 학교현장의 고민이 반영된 것이라는 분석이 제일 우세했다. 어떻게든 2학기에 학교현장의 고민들을 해결해보려는 선생님들의 노력이라고 생각하니 참여 신청 숫자가 또 다른 의미로 다가왔다. 제주교육정책연구소 선생님들과 몇 차례에 걸친 토론 끝에 원래 30명으로 제한했던 계획을 변경하여 신청한 선생님 모두 참여할 수 있도록 조정하였다.

이렇게 조정하면서 고민이 깊어졌다. 작년 심포지엄을 거치면서 핀란드 교육 이야기가 남의 나라 이야기로만 들리지 않고 지금 내가 서 있는 현장과 연결 지점을 만드는 것이 중요하다는 것을 잘 알고 있기 때문이다. 아니, 그 점을 소홀히 한다면 또 '그것은 핀란드니까!'라는 소감을 안고 가는 선생님들을 바라보게 될지도 모른다는 불안감이 있었다. 처음부터 끝까지 연구소 선생님들과 함께 고민한 내용은, 제한적이지만 어떻게 하면 '쌍방향 소통'이 가능할까? 하는 것이었다.

핀란드와 제주의 상황은 다르지만 본질적인 교육에 대해 성찰해볼 수 있는 기회가 될 수 있었으면 하는 목적이 있었다. 서로의 상황에서 교육을 생각하고 우리가 나갈 방향에 대해 작은 의미라도 얻을 수 있기를 의도했다.

이런 목적은 워크숍 진행 방식에 대해 고민을 거듭하게 했다. 실은 처음 계획한 대로 인원을 제한하는 것이 맞았을지도 모르는데 선생님들의 참여 의지를 쉽게 제한할 수가 없었던 것은 두 마리 토끼를 잡으려는 욕심이었는지도 모르겠다.

워크숍 신청 선생님들께 사전 발표 자료를 제공하고 미리 내용을 숙지하고 오시도록 안내했다. 발표가 진행되는 동안 핸드폰 메시지를 통해 질문을 접수해서 휴식 시간 동안 연구소 선생님들이 질문을 유목화하는 작업이 진행되었다. 질문에 대한 앤 선생님의 답변과 그 후 직접 질문과 이어지는 답변 등 여러 가지 방법이 다양하게 활용되었다.

이렇게 쌍방향 소통과 내실 있는 운영이 될 수 있도록 노력했지만 워크숍이 끝나고서는 여전히 많은 인원과 함께하는 워크숍은 한계가 있다는 것을 확인하게 되었다.

마지막 공개 워크숍을 마치는 날, 몇 선생님들께서 앤 선생님께 제주 교육 현장을 방문하고 여러 선생님을 만난 소감에 대해 질문했다. 그리고 제주 교육에 대한 제안이 있으면 얘기해달라고 마지막 질문을 했다.

앤 선생님은 2012 피사 시험^(PISA TEST) 결과를 언급하면서 한국은 문제해결력 부분에서 전 세계의 1위였다는 것을 자료로 보여주었다. 핀란드보다도 높은 점수를 받은 나라임을 강조했다.

그리고 덧붙이는 말,

"교사 자신이 자신을 더욱 믿었으면 좋겠다. 두려워하지 말고 중요한 일에 집중하면 좋겠다."

우리가 갖고 있는 교육적 역량을 핀란드 앤 선생님이 힘주어 강조했다는 것, 그래서 선생님들이 자부심을 가져도 좋을 만큼 한국 교육의 우수함을 느끼고 있다는 점이 새삼스럽게 다가왔다.

교육의 힘을 만들어가는 중심에 선생님들이 있다는 것, 그것을 핀란드의 앤 선생님도 공감하고 있다는 사실이 또 다른 연결로 느껴졌다. 참여하신 많은 선생님들은 어떻게 느끼셨을까? 궁금하기도 했다.

마지막 질문과 소감을 끝으로 워크숍이 마무리되었다. 워크숍이 끝나고 개인적인 질문을 하러 오신 많은 선생님들이 무대 앞에 모여서 원래 정해진 시간보다도 훨씬 늦게 마무리되었다.

되도록 많은 선생님들의 질문을 유목화해서 공유하고 토론하고자 했던 방식은 장비 등이 충분하지 않았음에도 연구소 선생님들의 사전 준비와 현장에서의 많은 도움으로 별 무리 없이 진행되었다.

준비하는 내내 선생님들과 토론을 많이 했던 탓일까. 워크숍을 마무리하고 소감을 나누면서 여러 이야기들이 의미 있게 들려왔다. 특히, 올해 파견오신 정 선생님 말씀이 오래 남았다.

연일 폭염경보 재난 문자가 오는 날씨와 학기말 바쁜 상황에서
도 종종걸음으로 함께해주신 선생님들께 의미 있는 시간이었기
를, 내가 선 자리에서 다시 한 걸음 더 나가는 용기와 상상력을 조
금이라도 얻은 기회였기를 바라본다.

무엇보다, 우리 스스로를 믿고 중요한 일에 집중하는 힘을 얻는
날이 되었기를 소망해보는 날이다.

우리는
서로에게
배울 것이 많아요

# #
핀란드
에서

핀란드
교육현장으로
날아가다

핀란드 위베스퀼레
파견연수●

9시간 30분 동안 비행기를 타고 인천에서 헬싱키까지, 헬싱키에서 다시 위베스퀼레(Jyväskylä)●●까지 2시간, 길고 긴 시간을 걸려 도착했다. 위베스퀼레에 있는 핀란드 교육연구소(Educluster)에서 제공하는 여러 연수 프로그램에 참여할 예정이다. 도착하니 현지 시간으로 저녁 6시다. 마중 나온 연구소 직원들과 간단히 인사를 나누고 숙소를 배정받고 들어왔더니 온몸이 풀려온다.

핀란드!

인구 550만의 나라, 스웨덴으로부터 600년, 러시아로부터 150년의 지배를 받은 나라, 1970년대부터 교육개혁을 시작하여 2000

● 제주특별자치도교육청 2017 교육전문직 해외파견연수(2017. 8. 25.~ 11. 3.)
●● 핀란드 중남부, 케스키오수미주의 수도, 페이옌네호 북쪽 연안에 있음. 중부 지방의 경제 문화의 중심지. [출처: 세계인문지리사전]

년 OECD에서 실시하는 PISA 평가에서 상위권을 차지하면서 주목받기 시작한 나라, 다른 나라들이 경쟁을 통한 수월성 교육을 지향할 때, 협력과 신뢰의 철학을 기반으로 모두의 성장을 교육으로 만들어내고 있는 나라.

우리나라도 같은 시험에서 상위권이지만 학생들의 행복 만족도에서는 서로 상반된 결과로 더 많은 시사점을 주고 있는 나라, 핀란드에 나는 무엇하러 왔을까?

'배우기 위해서?'

'여러 교육 상황을 보고 경험하기 위해서?'

'그건 핀란드니까!라는 묵직한 숙제에 다시 답을 찾기 위해서?'

오늘 밤, 다시 내게 묻는다.

올해 핀란드 앤 선생님과 40일을 제주에서 보냈다. 여러 학교를 다녔고 핀란드 교육에 대해 실제로 구체적인 경험 이야기를 나눌 수 있었다.

우리가 핀란드를 만나는 것은, 핀란드 교육을 경험한다는 것은 무엇일까? 앤 선생님과 함께한 시간 동안 내내 고민하다 리카 파카라(Rikka Pahkala) 선생님이 쓴 《핀란드 교육 현장 보고서》**라는 책을 읽으면서 약간의 자신감이 생겼다. 리카 선생님은 핀란드에서 초등학교 교사로 생활하다가 그만두고 일본에서 지내면서 자신의 경험을 책으로 썼다.

책의 내용은 일상생활에서 교사로서의 생활을 고스란히 담고

** 리카 파카라(Rikka Pahkala) 지음, 《핀란드 교육 현장 보고서》, 고향옥 옮김, 담푸스, 2013.

있었다. 학부모와의 어려움, 평가방법, 문제 행동을 일으키는 학생 지도 등 교사로서의 생활을 읽고 있으려니 제주의 초등학교 상황과 크게 다르지 않았다.

교육 활동으로 이루어지는 학교의 수업, 생활지도와 학부모와의 관계, 교사들 간의 소통, 교육정책을 학교에서 받아들이는 모습 등 서로의 문화와 제도 속에서 다름은 있지만 그 뿌리는 같다는 것, 본질은 서로 다르지 않다는 것이 느껴졌다.

그럼, 핀란드의 교사들은 교육의 일상을 어떻게 지내고 있을까? 궁금해졌다. 경쟁하지 않고 모두가 행복한 교육을 만들어가는 그들과 만나고 싶어졌다. 그들의 삶과 교육을 실제 경험해보고 싶어졌다. 우리와 같이 나날이 출근하여 수업하고 평가하고 학생들과 생활하는 교사들의 일상을 함께하고 싶어졌다. 교육 정책가들의 생각을 직접 만나고, 어떻게 현실로 구체화되고 있는지 다가가고 싶은 마음이 생기고 있었다.

나와 다르지 않다는 것을 안다는 것만으로도 이렇게 자신감이 생기다니. 영어가 유창하지 않아도, 비록 제도와 문화는 다르더라도 오늘도 아이들의 성장과 행복을 만들어가는 같은 고민 속에 있는 사람들의 삶 속으로, 핀란드 교육 현장으로 간다.

크고 먼 것이 아닐 것이다. 그러나 또 다른 길을 만들어 갈 힘을 얻을 수 있을 것 같은 기대를 해본다.

새로운 시작

또 다른 시작을

핀란드 위베스퀼레에서 만난다

이 사람들에게
교육은
무엇일까?

버스 정류장과
도서관

위베스퀼레(Jyväskylä)! 이곳은 핀란드의 중남부 지역이다.

인구는 13만 명 정도, 그중에서 학생이 4만 7천 명, 위베스퀼레 대학교는 1863년 개교하였고 핀란드 최초로 핀란드어로 교사교육을 시작하였다. 현재는 교육리더십 학위과정을 전 세계에서 유일하게 운영하는 곳이다. 핀란드 교육의 산실로 일컬어진다.

평일의 거리는 너무 한산하다. 오가는 사람도 드물고, 차도 별로 없고 도시 자체가 조용하고 평안하다. 그런데 대학 도서관이나 학교 건물에 가면 사람들이 많고 북적이는 것을 볼 수 있다. 휴일날 광장에 있으면 아이들도 정말 많이 보인다.

도시는 제주의 80년대 초를 연상하게 한다. 쇼핑몰이라든가 패션 디자인은 현대적 감각이 느껴지지만, 오래된 건물이나 카페는 화려하고 현대식이라기보다는 전통이 많이 남아 있다.

가게는 규모도 작고 물건도 많지 않다. 소박하고 정갈하다. 사람들은 검소하고 합리적이다. 퇴근 시간 마트에 물건을 사러 오는 사람들은 거의 시장바구니를 들고 온다. 1회용 비닐로 물건을 담아 가는 사람은 여행객들이나 몇 사람에 불과하다.

거의 자전거로 이동하여 광장 주차장에는 많은 자전거가 세워져있고, 걸어 다니는 사람들도 많다. 횡단보도가 없는 길에서조차도 무조건 사람이 우선이다. 사람이 건너가려고 서 있으면 자동차가 오다가 멈춰 선다. 사람이 다 건너갈 때까지 기다린다.

소박하고 조용하게 살아가는 사람들의 집집마다 베란다에는 의자가 놓여 있거나 화분이 있다. 옷을 말리기 위한 빨래 건조대가 있는 집은 거의 없고, 베란다는 차를 마시거나 얘기를 나누는 공간이다.

마트에 물건을 사러 들어가 보면 큰소리를 내는 사람이 없다. 음악도 크지 않다. 마트에 물건 값을 계산하는 사람은 손님이 야채 등에 가격표를 붙여 오지 않으면 잠깐 기다리라면서 직접 가서 가격표를 붙여 와서 계산을 진행한다. 뒤에 기다리는 사람이 빨리 하라고 재촉하지도 않는다.

조용하고 한가한 도시, 아주 현대적인 시스템과는 아직 멀어 보이는 곳, 그것을 아주 절실하게 느낄 수 있었던 것은 버스 정류장이었다. 땅은 넓으나 사람이 많지 않은 이곳은 사람들의 이동 수단으로 자전거를 많이 이용한다. 물론 걸어 다니는 사람도 많다. 도시 내에서는 시내버스 이용이 대중적이다.

우리가 처음 도착했을 때, 연수를 주관하고 있는 '에듀클러스터

조용하고 한가한 도시,
현대적인 시스템과는
아직 멀어 보이는 곳,
그것을 아주 절실하게
느낄 수 있었던 것은
버스 정류장이었다.

도시 내에서는
시내버스 이용이
대중적이다.
오히려 버스 정류장이
왜 세련되어야 하느냐고
묻는 것 같이 촌스럽다.
그런데도 사람들은
불편하다 하지 않는다.

(Educluster)'에서 버스 카드를 먼저 만들어 주었을 정도였다. 그런데 버스 정류장을 제주와 비교하면 한참 촌스럽다. 아예 사람들은 그것이 왜 세련되어야 하느냐고 묻는 것 같다. 어떤 곳은 부스가 있어서 사람들이 그 속에서 비를 피하며 기다리도록 의자가 놓여 있으나 어떤 시설도 마련되지 않은 곳도 많다. 시내 중심가는 다음 버스 도착 시간을 알리는 전광판이 설치되어 있는 곳이 있으나 그것은 중심가 몇 군데에 해당되는 이야기다. 대부분의 버스 정류장은 버스 노선표가 붙어 있으면 다행이고, 부스도 없이 버스 정류장이라는 표지판 하나 덜렁 있는 곳도 있다. 그런데도 사람들은 불편하다고 말하지 않는다.

그런 것에 비하면, 학교나 도서관은 정말 현대적인 디자인과 시설을 갖추고 있다. 대학 강의실은 소규모 그룹별 토론이 가능하도록 배치되었고, 의자나 탁자는 언제든 변형이 가능하도록 설계되어 있다. 밖에서 수업하는 모습이 보이도록 전면 유리로 벽이 만들어져 있다.

복도에 있는 컴퓨터 이용 탁자만 보더라도 앉아서 작업하는 것도, 서서 작업하는 것도 가능하도록 편리하게 되어 있다. 교육학부 로비는 아예 열린 강의실이다. 로비에서 대중 강좌를 하는 장면을 보면 감탄스럽다. 1층 로비에서 교수가 강의를 하고 1층 계단에 주로 앉아서 강의를 듣는데, 2층, 3층 난간에서도 강의를 들을 수 있도록 의자와 탁자가 배치되어 있다. 그 옆을 사람들이 지나가도 아무도 떠들거나 수업에 방해가 되지 않는 분위기이다. 처음에는 감탄이 절로 나왔다. 이런 광경을 낯설게 보는 사람은 나

뿐이라는 것을 알게 되는 것은 그리 오래 걸리지 않는다.

대학 도서관이나 시립 도서관에 가면 사람들이 많다. 우선, 장서도 많을 뿐 아니라 공간 구성에서 이용하는 사람들이 편리할 수 있도록 설계되어 있다. 개인적인 연구 공간뿐만 아니라 그룹별로 자율 예약만 하면 사용할 수 있는 방들도 있다. 연구를 하다가 쉴 수 있고, 잠시 잠을 잘 수 있는 공간(침대)도 마련되어 있다. 다만 먼저 이용하겠다고 문 앞 종이에 시간을 예약해 두어야 한다.

이런 차이는 어디에서 오는 것일까? 일반적인 생활과 관련된 시설은 검소하고 때로 간단하여 시대에 뒤떨어진 것 같은 느낌을 주는 반면, 교육과 관련된 시설은 현대적이고 부러울 정도이다.

언제 가능하다면 인터뷰를 하고 싶어진다. 사람들의 삶 속에서 '교육'은 무엇인지, 어느 정도의 중요성을 가지고 있는 것인지 묻고 싶어진다.

어쩌면 원래 그런 것 아니었냐고 반문할지도 모른다. 아이들이 다니는 학교는, 지성을 만들어가는 대학은, 도서관은 원래 그래야 하는 것이고 늘 개혁하고 변화를 선도해야 하는 것 아니냐고, 우리의 미래를 만드는 곳이 아니냐고 반문할 것 같은 생각이 미리 드는 이유는 또 무엇일까?

일반적인 생활과
관련된 시설은
검소하고 때로 간단하여
시대에 뒤떨어진 것 같은
느낌을 주는 반면,
교육과 관련된 공간은
현대적인 디자인과
시설을 갖추고 있다.

함께 만드는
학교 건물
프로젝트

쉴트 고등학교
(Schildtin Lukio)

쉴트 고등학교(Schildtin Lukio)에서 새로운 리노베이트 프로젝트를 한다고 해서 방문했다. 학교 체육관에는 학교 선생님, 학부모, 학생, 건축가, 컨설팅 회사 관계자 등이 모여서 새로운 학교 건물을 짓기 위해 상상하고 토론하고 건물을 설계하는 과정이 프로젝트로 이루어지고 있었다.

이 학교는 두 개로 나누어져 있던 건물을 하나로 다시 크게 만드는 과정에서 어떻게 학교 건물을 만들고 구성할 것인가 하는 설계 과정에 학교 구성원들이 참여하여 만들어가고 있었다.

거의 두 달간 이루어진 과정은 그동안 크게 세 과정으로 나누어 운영되었다. 첫 번째(8월 9일) 날에는 전체 과정이 안내되었고 학교 건물 짓는 과정에 대한 소통이 이루어졌다.

두 번째(8월 22일) 날에는 학교 건물에 대한 비전을 함께 만들었다고 한다. 큰 주제 '비전과 최고의 기회(핀란드어: Visio ja Suurin Mahdollisuus)', 소주제를 '쉴트 고등학교는 어디로 가야 하는가?'로 잡고 서로 갖고 있는 학교 건물의 비전을 토론하고 생각을 공유하는 과정을 거쳤다.

세 번째(8월 30일) 날에는 팀을 이루어서 층별로 꼭 들어가야 하는 공간과 그 이유, 그리고 그에 따른 시설들에 대해 작업을 하였다. 그것은 설계도로 표현되기도 하고, 고무찰흙으로 만들어지기도 하고, 그림으로 표현되기도 하였는데 상당히 구체적이고 실질적이었다. 8월 30일 작업한 것에 이어서 오늘은 전체적으로 지금까지 나온 생각들과 설계들을 총정리하는 날이었다.

우선, 체육관 벽에는 그동안의 과정이 고스란히 정리되어 있었다. 비전을 구상할 때의 생각들을 모아놓은 포스트잇, 세 번째 과정의 설계와 생각을 표현해 놓은 작품들, 그동안의 과정을 체계적으로 정리해 놓은 문서들까지 한눈에 볼 수 있도록 전시되어 있었다.

오늘은 8월 30일에 다하지 못한 층별 구성에 대한 마지막 작업과 건물 전체에 대한 토론이 이어졌다. 비전에 대한 팀별 생각들은 다양하고 구체적이었다. 공간 구성에 대해서도 실질적이었다.

많은 의견들이 포스트잇을 통해 범주로 정해져서 주제화되어 있었고 (집과 같은 곳, 수업과 학습의 수준을 높일 수 있는 곳, 테크놀로지 이용이 자유로운 곳, 휴식이 보장되는 곳, 음악을 즐길 수 있고 다양한 기구가 준비된 곳, 심지어 사우나가 준비된 곳 등), 층별로 공간 구성에 대해서도 자세하게 표현되어 있었다.

이런 과정을 거쳐 건물 설계도(마스터 플랜)가 다음 주부터 작성되어서 11월에 나오게 되고, 내년 1월에 학교 건물 신축 공사가 시작된다고 했다.

교감 선생님과 인터뷰를 해보았더니 핀란드 전체적으로 일반적인 과정은 아니라고 하셨다. 특별하게 학교 건물을 새롭게 짓는 과정을 리노베이트하고자 컨설팅 회사와 함께 큰 프로젝트로 진행하게 되었다고 의도를 말씀해주셨다.

참여한 학생은 이 과정을 아주 자랑스러워했다. 새로운 학교 건물에 대한 기대가 컸고 자신들의 의견이 반영되어서 어떻게 학교 건물이 완성될지 궁금하다고 했다. 쉴트 고등학교 3학년 학생이 우리에게 전체 과정을 설명하는데 자신감이 넘쳤다. 어떤 질문도 머뭇거림 없이 대답하는 모습에서 자신이 학교의 주인임을 당

생각들을 모아놓은 포스트잇

팀별 작업도

전체 토론

상황을 설명해주는 미카(Mika) 교수

학교의 비전 만들기

'우리는 어떤 학교를 원하는가?'

당하게 말하는 것 같았다.

위베스퀼레대학교 교육리더십연구소 미카(Mika) 교수는 '새로운 학교 건물 리노베이트 프로젝트'의 사례처럼 이런 의사 결정 과정은 중요한 교육 과정이라고 말해주었다. 오늘 안내에 대한 소감을 듣고 함께 공감하면서 내년 새로 지어질 학교 건물이 나도 참 궁금하였다.

교장 선생님의 그림자

(Principal shadowing)

지금 돌아보고 생각해보면 어디서 그런 용기가 있었을까. 아니, 어쩌면 영어 실력은 부족하고 뭔가 알아내고 싶은 간절함이 만들어낸 조금 무모한 용기인지도 모르겠다.

위베스퀼레의 쿠오콜레 종합학교(Kuokkala Comprehensive School)●를 방문하였다. 교장 선생님을 만나고 전체 일정을 소개받는 자리에서 나는 교장 선생님을 하루 종일 따라다닐 수 있도록 요청하였다. 설명하는 말을 듣고 이해하는 것보다는 직접 보고 알 수 있는 것이 많을 것 같다는 말씀을 조심스럽게 드렸다. 듣고 이해하는 것보다 직접 보고 느끼면서 궁금한 것을 질문하고 싶은 생각으로

● 위베스퀼레(Jyväskylä) 시내에 있는 종합학교(Comprehensive school, 1학년~9학년), 학생 900명, 교직원 120명 정도의 규모.

용기 내어 드린 요청이었다. 평상시 교장 선생님의 일상을 그냥 따라다니도록 허락해 달라는 나름 쉽지 않은 요청이라고 생각했는데 세뽀(Seppo) 교장 선생님은 흔쾌히 허락해주셨다. 그래서 시작된 '하루 종일 교장 선생님 따라다니기!'

핀란드 교장 선생님의 일상을 살펴보기로 했다. 교장 선생님은 참으로 바빴다. 학교 예산과 관련된 프로그램을 사용하면서 예산 내용을 입력하고 전체 예산 조정을 했다. 중간에 모르는 내용이 있으면 비서(Secretary)에게 프로그램 이용 방법을 질문하면서 작업했다. 왜 비서가 하지 않고 직접 하느냐고 질문했더니 그것은 그녀의 일이 아니라고 한다. 또, 학교 생활 전체가 들어 있는 윌마시스템(Wilma system)••을 통해 오늘 학생들의 생활과 교사들의 수업 상황을 점검하고 교장으로서 대답해줘야 하는 메일 내용에 대해 일일이 답변하였다.

교장실 문은 항상 열려 있어서 늘 사람들이 들락거렸다. 교사들이 필요한 것을 질문하거나 의논할 때 들어와서 마주 앉아 이야기를 나누었고, 쉬는 시간에는 일부러 협의실로 가서(내가 보기에는 '일부러'였다.) 교사들과 이야기를 나누었다. 나에게도 옆에 앉으라고 하고 이야기를 들어보라고 했다. 교사들은 쉬는 시간에 학생들에 대한 이야기를 서로 나누기도 하고 교장 선생님과는 친한 동료처럼 수업과 관련된 내용을 의논하기도 했다.

•• 핀란드 학교에서 학생 생활, 교사 생활과 관련된 내용(출결, 수업태도, 평가내용, 일정표) 등이 들어 있고, 수시로 입력하는 학교 생활 시스템.

쉬는 시간이 끝나고 다시 교장실로 돌아와서 다른 학교 교장 선생님들과 교장 워크숍을 준비하는 회의를 인터넷으로 진행했다. 알고 보니 세뽀 교장 선생님은 핀란드 교장협의회 임원이었다. 이번 주 수요일과 목요일 교장협의회가 주최하는 워크숍에 대한 내용을 다른 교장 선생님들과 공유하였다.

교장 선생님은 일을 하다가도 쉬는 시간이 되면 복도에 나가서 여기저기를 돌아다니셨다. 학생들과 만나면 하이파이브를 하고, 학생들도 교장 선생님에게 친밀하게 인사하였다.

여러 일들이 대강 정리되었는지 수업시간에 교실로 들어가셨다. 아무런 이야기 없이 수업이 진행되는 교실에 들어가서 수업을 참관했다. 8학년(우리의 중학교 2학년) 음악 수업을 진행하던 선생님이 수업을 멈추고 잠시 교장 선생님과 이야기를 나누었다. 수업 내용과 학생 관련한 내용을 잠시 설명했다.

"그녀는 나의 그림자입니다. (She is my shadow.)"

교장 선생님께서 음악 선생님께 나를 소개한 문장이다. 오~! 나는 교장 선생님의 그림자였다. 음악 선생님도 당연하게 받아들이셨고, 오히려 며칠 동안 그림자를 할 것이냐고 내게 질문했다. 나중에 알게 된 사실이지만 핀란드 위베스퀼레대학교 교육리더십 석사과정에는 5일 정도 교장 선생님의 그림자(Principal shadowing) 활동과정이 있다고 한다. 그래서 교장 선생님도 음악 선생님도 이런 활동이 낯설지 않은 것 같았다.

교장 선생님은 아주 자연스럽게 수업 중에 교실에 들어가셨고, 수업 중인 선생님과 학생들에게 이야기를 건네셨다. 어떤 수업에서는 보기만 하셨고, 다른 수업에는 학생들에게 다가가서 이야기를 하시기도 했다. 학생들이 각자 활동하는 목공수업이나 미술수업에서는 더 적극적으로 교사와 학생에게 질문을 던지기도 하셨다. 내가 옆에 있다는 것을 별로 의식하지 않고 교장 선생님은 아이들과 만나고, 수업에 들어가고, 복도에서는 교사들과 서서 이야기를 나누었다.

점심시간에는 교사들과 같은 테이블에서 식사를 하면서 교실에서 있었던 일에 대해 이야기를 나누었다. 점심 식사를 하고 나서 선생님들의 커피타임에 함께 참여했는데 선생님들은 교장 선생님이 오든 말든 별 상관이 없었고(그렇게 보였다.) 교장 선생님은 그냥 선생님들의 이야기를 들었다. 중간에 선생님 한 분이 컴퓨터로 오늘 학생들의 수업과 관련한 내용을 정리하는 것을 보고 옆에서 컴퓨터 작업을 같이 하기도 했다.

다시 오후 수업 시간이 시작되자 교장 선생님은 학교 건물 신축 현장에 갔다. 공사를 하고 있는 사람들과 이야기를 나누고 나에게는 공사에 대한 설명을 해주었다. 다 알아듣지는 못했지만 교장 선생님은 새로운 건물을 짓는 것에 대해 대단히 자부심이 있었다.

종합학교(Comprehensive school)로 초등학교와 중학교 건물이 나누어져 있는데 새로운 건물은 두 학교를 하나의 건물로 통합할 예정이라고 했다. 새로운 빌딩이 지어지면 학교에 여러 가지 변화가 생길 것이라고 하면서 많은 기대를 가지고 있었다.

교장 선생님의 비서는 2명이다. 한 명은 초등학교와 중학교를 일주일에 2일, 3일씩 번갈아 근무하고, 다른 한 명은 다른 학교와

이 학교를 나누어서 근무한다. 학교의 행정업무는 교장 선생님과 비서가 거의 처리한다. 학교 예산, 문서 작업, 채용 업무 등 여러 일들을 처리하느라 교장 선생님은 참 바쁘다.

일주일 스케줄을 보니, 요일마다 팀 회의를 함께하는 것이 눈에 띈다. 리더십(Leadership)팀, 개발(Development)팀, 복지(Wellfare)팀 등 여러 팀이 구성되어 있는데 팀 회의에 함께 참여한다. 교장 선생님이 리더는 아니라고 한다. 팀마다 리더들이 있어서 회의를 진행하고 교장 선생님은 회의에 함께해서 내용을 서로 공유한다.

교장 선생님께 교장으로서 가장 중요하게 생각하는 것이 무엇이냐고 물었더니 '공유리더십(Sharing Leadership)'이라고 답변하신다. 어떻게 나누고 어떻게 만들어 가는지를 아는 것은 더 시간이 필요할 것 같다.

교장 선생님 그림자!

아주 용기 내어 요청한 일이었음에도 그것이 자주 있는 일처럼 자연스러웠던 하루! 더구나 교육리더십을 공부하는 위베스퀼레대학교 대학원생들에게는 필수 과제라는 그림자(Shadowing) 과정!

비록 하루였지만, 일상을 관찰하고 리더십을 공부하기에 좋은 기회였다.

학습일기
(Learning Diary)

핀란드에서 연구과정에 함께하고 있는 교육리더십연구소 미카
(Mika)* 교수님은 연수 3일째 되는 날부터 학습일기(Learning Diary)를
써서 메일로 보내라고 요청하셨다.

매일 그날 무엇을 배웠는지 학습일기를 써서 메일로 교수님께
보내면 내용에 대해 피드백을 해서 준다는 것이다. 특별한 형식은
없다고 했으나 여간 부담스러운 것이 아니다.

우선, 해야 한다는 부담은 숙제처럼 여겨졌고, 둘째는 언어가
다른 상황이라 서로 소통을 하려면 한글로 우선 쓰고, 다시 영작
을 해서 보내야 한다는 것이다. 또한, 피드백을 해서 보내오면 그
것을 다시 해석해서 읽어야 한다는 부담감에서 처음엔 마음이 무

● 핀란드 위베스퀼레대학교 교육심리학부 교수, 위베스퀼레대학교 교육리더십연구소 소장.

거웠다.

그 마음을 알았는지 미카 교수님은,

"사람들은 배울 때는 다 알 것 같았지만 나중에는 '내가 뭘 배웠지?' 하고 돌아보면 남은 게 없다."라는 것이다. 그래서 학습일기를 쓴다면 나중에 한국에 돌아가서도 핀란드에서 느끼고 생각했던 것들을 잊지 않을 수 있다고 말했다. 모두 옳은 말씀이다. 어떻게 교수님께 번역의 번거로움과 부담을 말할 수 있으랴. 어렵지만 해보겠다고 대답하고 돌아왔다. 이제 매일 학습일기를 써서 보내야 하는 일이 주어진 것이다.

그날 저녁, 그동안 있었던 일에 대해서 러닝 다이어리를 작성했다. 영어가 서툴러서 먼저 한글로 쓰고 그것을 더듬더듬 영어로 옮겨보고, 다시 읽어보면서 문장이 이상한 것은 수정하고 더 애매한 것은 또 다른 분께 도움을 요청해서 나의 의도에 맞게 표현되었는지 자문도 구하고, 그러다 보면 시간이 꽤 걸렸다.

시간이 많이 걸리기는 했지만, 일기를 쓰는 과정에서 내가 본 것, 느낀 것에 대해 다시 정리하고 생각해 볼 수 있는 시간이 되기에는 충분했다. 특히 어떤 형식이 있는 것은 아니므로 나의 생각을 나름대로 정리해보고 또 궁금하거나 확인이 필요한 것은 질문을 할 수 있다는 것이 일기를 쓰는 동안에 충분히 그 가치를 느낄 수 있게 하였다. 작성하고 메일을 보내면 또 미카 교수님이 의견을 적어서 보내주니 개인 맞춤형 학습이라고 할 수도 있고, 과정 평가가 되고 있다는 생각도 들었다.

이렇게 어렴풋이 학습일기의 가치를 느끼고 있던 중에 주말을 이용해 위베스퀼레대학교 교육학과 인터내셔널 석사과정 학생들의 캠프에 참여하게 되었다.

2년차 한국 출신 유학생 선생님과 이야기를 나누는 중에 학습일기는 대학 공부에서도 중요하게 사용되고 있다는 것을 알게 되었다. 자기가 배운 것을 성찰하고 자기 평가하는 과정으로 중요하게 사용되는 방법이며 학사, 석사과정의 학생들은 오리엔테이션에서부터 학습일기에 대한 안내를 자세히 받는다. 그리고 교수들은 학생의 학습일기에 피드백을 주기도 하고 때로는 학습일기를 받기만 하기도 한다. 교수들은 학생들이 실제로 어떻게 배움의 과정을 거치고 있는지를 학습일기를 통해 알고 본인의 교수 내용을 점검하기도 한다는 것이다.

유학 온 선생님과의 대화를 통해 알게 된 것은 학습일기는 핀란드에서 배우는 방식 중의 하나라는 것, 수행평가의 일환이라는 것, 자기 성찰 및 자기 평가로 스스로 학습하고 성찰하는 중요한 도구라는 것이다. 그것은 석사과정 학생들의 오리엔테이션 자료를 통해서도 확인할 수 있었다.

다음은 석사과정 학생들의 오리엔테이션에 제시되는 학습일기 (Learning Diary)**에 대한 내용이다.

•• [출처: '학습방법'-교육과 심리학부/위베스퀼레대학교 'Modes of Learning'-faculty of Education and psychoogy/University of Jyväskylä]

학습 일지/일기

- 당신은 시간을 거슬러 가서 당신의 사고 발달을 볼 수 있다.
- 학습 과정을 관찰하고 평가할 기회
- 학설들과 자신의 생각에 의문을 가져야 하며, 그것을 넘어서야 한다.
- 자기 이해를 성장시킬 수 있다.
- 자신의 강점과 더 성장시켜야 할 분야를 확인하는 데 도움이 된다.
- 문제 해결을 위한 도구

Learning log/ diary

- You can go back in time, see the developement of your thoughts
- Chance to observe and to assess the learning process
- You should question the theories and you own ideas and go beyond them
- may develop self-understanding
- Helps to identify strenghts and areas to develop more
- A tool for problem solving

위베스퀼레대학교에서 강의도 하는 미카 교수님은 핀란드 교육방식으로 우리에게 핀란드 교육을 체험하도록 하고 있는 것이었다.

생각해보면 앤 선생님이 강조했던 '자기 평가', '계속적인 피드백'도 학습일기와 연결되고 있는 것 같았다. 학교에서 학생들에게, 대학교에서, 파견연수 온 학생들에게도 어디에서도 배움을 만들어가는 과정에는 일관되게 강조하는 자기 성찰 도구라는 생각이 들었다.

자기 평가와 자기 이해를 돕기 위한 도구, 생각을 반추하며 질문을 던지고 배움의 진전을 만드는 학습일기, 러닝 다이어리!

이제 숙제라는 생각보다는 또 다른 관점으로 써보기로 했다. 힘은 들지만 실제 핀란드에서의 나의 배움과 성찰을 위한 중요한 과정으로 도전해 보기로 했다.

학습일기(Learning Diary)

〈교장 준비 교육프로그램〉 소그룹 모임

2017년 9월 16일

토요일 08:30 ~ 12:40

| 교장 준비교육 소그룹 활동 참관 |

| 참가자 |
- 학습자(교장 준비교육자): 4명
- 튜터교사

  (Anna-Maija: 초등학교 교장, 오스트레일리아인, 전문가)

| 참관자 |
- Mika, 제주 전문직 3명

| 참관내용 |
- 침묵의 순간(Silence Moment):

  불을 끄고 조용히 서로의 마음을 이야기함.

  자신의 어려운 점, 요즘 상황 등을 이야기함.

  이야기하다가 우는 교사, 밖으로 나가는 교사도 있음.
- 제시된 단어 중에서 교장에게 가장 필요하다고(가장 강력하다고) 생각되는

  단어를 골라서 왜 그 단어를 골랐는지 참가자들(튜터 포함)에게 설명함.
- 대화(Dialogue) 과정 45분 거침
- 토론(Disscuss):

Distributed leadership	Staff management
Recruiting	Induction

- 교장으로 처음에 부임했을 때 위 4가지 주제 중에서 무엇을 제일 먼저 할 것인지 그 이유와 함께 서로 이야기함.
- 이야기한 내용을 중심으로 2명씩 역할극(드라마)를 함. 역할극에 대해 참가한 나머지 사람들은 피드백을 주고 받음.
- 예) 두 명이 짝을 지어서 한 명은 멘토교사, 한 명은 멘티 교사가 되어 서로 이야기할 것을 드라마로 표현함.
- 서로 역할극한 것에 대해 튜터 선생님과 함께 공유하는 시간 가짐.
- 여러 신발 모양 중에서 자기가 선택한 것에 대해 이유를 설명함.(발레리나 신발, 장화 신발 등)
- 최종 소감을 글자 카드로 적어서 서로 나눔.

| 소감 |

- 교장 준비 프로그램이 아주 실질적이다.
- 튜터 모임과 마찬가지로 깊은 관계를 서로 형성하는 것을 우선으로 한다.
- 자신의 이야기와 상황을 나누고 서로 공감하는 단계를 거친다.
- 주로 대화와 토론의 방법으로 과정을 이어간다.
- 역할극 등을 통해서 교장의 역할에 대해 생각해보게 하고 끊임없이 토론하고 서로 나누도록 한다.
- 미카 교수님에 의하면 교장 준비교육 프로그램을 통해 핀란드에서는 능력있는 교장(High quality Principal)을 배출하는 것이 목적이라고 한다.
- 위베스퀼레 교육리더십 연구소의 '교장 준비 교육프로그램'의 진행 계획(Plan)에 대해 더 자세히 알아보고 싶다.
- 어제 아누(Anu Sopanen)의 강의를 통해 전체적이고 개략적인 내용을 들은 게 있어서 간략하게나마 이해하는 데 도움이 될 것 같다.

서로 돕고
성장하는
'튜터(Tutor)'

2017년
9월 14일

'튜터'라는 말은 몇 번 들어보았지만, 구체적으로 '튜터'에 대해 생각해보거나 활동해 본 적이 없는 것 같다. 막연히 '도와주는 사람', 옆에서 '지원하는 사람' 정도로 이해하고 있었던 것 같다.

오늘은 위베스퀼레(Jyväskylä)대학교 교육학과와 교육리더십 과정, 교육심리학과 석사 과정(Master's degree) 신입학생 합동 오리엔테이션 캠프에 참여하게 되었다.

국제 교육과정으로 운영하고 있어서 한국은 물론 네팔, 필리핀, 오스트레일리아, 핀란드, 중국, 케냐, 인도, 네덜란드 등 세계 여러 나라에서 2년 과정의 교육학과 관련 석사 과정을 공부하려고 위베스퀼레대학교에 입학한 학생들이다. 캠프는 석사 과정에 대한 오리엔테이션과 서로의 관계를 친밀하게 하는 것이 목적이다.

위베스퀼레대학교 부설 연구소가 있는 콘베시(Konnevesi)*까지 버스로 이동하고 거기에서 진행하는 캠프에 참여하게 된 것은 아주 흥미로운 일이었다. 여러 외국 학생들과 얘기해볼 기회이기도 했고, 핀란드의 교육학 석사과정 오리엔테이션을 경험하는 시간이 되기도 했다. 더구나 공식적으로 거의 머물러 있는 위베스퀼레를 벗어나 콘베시라는 새로운 곳으로 캠프를 간다는 것이 기대되는 일이었다. 핀란드에서 또 새로운 도시를 경험하다니!

캠프에 참여하는 동안 한국인으로 교육학과 석사 과정에서 2년째 공부하고 있는 이정 선생님과 이야기를 나누다가 신입생이 아

---

* 위베스퀼레에서 버스로 1시간 정도 거리에 있는 핀란드 중부의 도시. 'Konnevesi Research Station'이라는 위베스퀼레대학교 부설 생물 환경 연구소가 있음. 호수가 인접한 아름다운 도시.

니면서 2학년인데도 참여한 몇 명의 학생을 보게 되었다. 그들은 오늘 '튜터^(Tutor)'이기 때문에 초대받았다고 했다. 그래서 이정 선생님의 통역 도움을 받아 네덜란드 출신으로 현재 2학년이면서 튜터 활동을 하고 있는 학생^(Gonnek)과 그의 활동에 대해 이야기를 나누게 되었다.

Q. 튜터 활동을 하고 있는데 튜티는 몇 명인가요?

우리 그룹에는 6명의 신입생이 튜티이다. 5개국에서 온 학생들이다. 2명은 같은 나라에서 왔다.

Q. 튜터 활동은 어떤 것을 하게 되나요?

신입생들이 핀란드에 왔을 때부터 여러 가지를 돕는다. 학교생활, 공부하는 방법, 아파트에서 생활하는 것, 학교 오고가는 문제, 모든 것을 돕는다.

Q. 본인도 학생인데 튜터 활동을 하는 것이 부담스럽지는 않나요?

2학년이기 때문에 1학년보다는 공부에서 조금 더 시간적인 여유가 있다. 그리고 세계 여러 나라에서 온 학생들과 서로 돕고 지내는 것은 아주 많은 것을 얻게 해준다. 그들과 이제는 친구가 되었고 또 그들도 서로 친구로 지낸다. 작년에 처음 핀란드에 왔을 때 내가 도움을 받았던 것처럼 지금 신입생들을 도와주는 것은 오히려 내게 즐거움이고 흥미로운 일이다.

Q. 튜터는 어떤 과정을 거쳐서 선정되나요?

3월 초에 학생회(students union)에서 튜터를 하고 싶은 사람은 신청하라고 메일이 온다. 신청한 사람 중에서 인터뷰를 통해 선발되고 선발된 사람들은 2일간의 교육을 받는다.

Q. 교육 내용은 어떤 것인가요?

주로 2일간은 강의를 받는데, 대학 생활에 대한 것, 이민국에서 나온 사람이 외국 생활에 대한 것, 시에서 나온 사람이 핀란드 생활에 대한 것 등 다양한 주제로 이루어진다.

Q. 튜티는 튜터가 선정하나요?

학생회에서 선정한다. 되도록 같은 과 학생을 같은 그룹으로 선정해주지만 사정이 안 되었을 때는 다른 과 학생들과 섞이기도 한다.

Q. 학년 학생 중에서 몇 명이나 튜터 활동을 하나요?

교육학과 전체적으로 6~7명 정도 하는 것으로 알고 있다.

실제, 네덜란드 튜터 학생(Gonneke)은 캠프 내내 같은 그룹의 튜티 신입생들과 얘기하고 같이 식사하고 동행하는 것을 볼 수 있었다. 한국 유학생 이정 선생님도 올해 튜터 활동을 하고 싶었는데 사정이 생겨서 못 하게 되었다고 아쉬워했다.

또 다른 튜터로 참여한 2학년 학생은 케냐에서 온 학생이었다.

핀란드 학생이 아니면서도^(본인도 외국인이면서) 다른 나라에서 온 신입생들을 돕는 모습은 참 새롭고 인상적이었다.

튜티 신입생들은 참 든든하겠다.

낯선 외국에 와서 공부를 하려고 하는데 2학년 선배가 생활하는 것에서부터 공부하는 것까지 하나하나 챙겨주고 친구를 함께 만들어주니 얼마나 마음이 놓일까.

그런 활동을 하고 있는 튜터는 또 이 활동을 새로운 성장의 경험으로 만들고 있으니 서로가 돕고 협력하며 성장하는 시스템을 보는 것 같다. 결국은 친밀한 유대감과 안정감으로 대학 공부를 할 수 있다는 점에서 위베스퀼레대학교와 핀란드 교육에 주는 큰 장점으로 보인다.

서로 배우고 협력하며 성장하는 '튜터', 핀란드 교육의 또 하나의 모습인 것 같다.

그들도
우리처럼

교장 선생님들의
사전 워크숍

위베스퀼레대학교에 있는 교육리더십 연구소(Institute Educational Leadership)는 1996년부터 핀란드 교장준비교육을 운영해왔다.

핀란드에서 교장이 되기 위해서는 교장이 되고자 하는 학교 급에 맞는 교사 자격증이 있어야 하고, 교육행정경험(10 ECTS)*이나 대학교에서 교장준비교육(25 ECTS)을 이수하고 이수 결과를 지방 교육행정기관에 제출해야 한다. 100% 공모 방식으로 진행되는 교장 채용과정에서 교장준비교육을 이수했는지 여부는 서류심사에서 중요한 자격요건으로 작용하는 것이다.

핀란드에서 제일 먼저 교장준비교육을 시행해온 위베스퀼레대

* 유럽 학점 이수 시스템(유럽연합 국가의 고등교육 학습결과 및 학습량을 비교하는 기준)[출처-네이버 백과사전]

학교 교육리더십연구소 교장준비교육 프로그램에 참여하게 된 것은 기대되는 일이었다.

총 1년 6개월에 걸쳐 진행되는 프로그램 중에 대학에서 직접 워크숍 형태 교육을 20일 정도(하루 6~7시간) 받는다. 그 과정에 참가 자들끼리의 워크숍이 있고, 현직 교장 선생님들이 튜터로 활동하며 참가자 소그룹 토론을 진행한다.

오늘은 오전부터 전체 워크숍에 참가하고 오후에는 교육리더십연구소의 프로그램 매니저 아누(Anu Sopanen)로부터 프로그램 전반에 대한 안내를 들었다. 역시 안내를 듣고 나니 오전에 참관했던 워크숍이 새롭게 보였다. 저녁에는 내일 튜터로 활동하실 교장 선생님들의 사전모임에 참여했다.

오후 5시 30분, 모두 여섯 분의 교장 선생님이 참석 예정이라고 들었는데 네 분이 오셨다. 조금 있으니 한 분씩 도착하신다. 모두 참석하고 이어서 간단한 샐러드와 다과로 저녁식사를 하면서 모임이 시작되었다. 제주에서 온 전문직 3명과 미카 교수님, 프로그램 매니저 아누(Anu), 대학 선생님 한 분, 이렇게 12명은 먼저 자기소개로 튜터 모임을 시작했다.

핀란드 전역에서 모인 종합학교에서부터 직업학교까지 다양한 학교의 여섯 명 튜터 교장선생님들이 내일 활동을 위한 사전 그룹 모임을 하고 있는 것이다.

내일 교장 선생님들이 진행할 소그룹 진행과 같은 방식으로 오늘 교장 선생님들끼리 해본다고 한다. 기대가 되는 일이다. 교장이 되고자 하는 교사들이 3,000유로 정도의 돈을 내고 1년 반 동안이나 참가한다는 프로그램 내용이 궁금하지만 그 형식도 대단히 체계적이고 심층적이다.

교장 선생님(튜터)들은 먼저, 서로의 이야기를 오래 나누었다. 그 내용을 중간중간 미카 교수님의 설명을 들으며 해석하기로는 그동안 서로의 학교에서 있었던 일들, 어려웠던 일, 슬펐던 일, 즐거웠던 일, 일상생활에 대해 공유하는 것 같았다. 때로 소녀처럼 깔깔(!) 웃으며, 때로 심각하고 진지하게 어깨 다독이며 공감하는 시간이었다. 그렇게 1시간 정도의 시간을 서로 충분히 나누고 내일 워크숍을 진행할 순서대로 실습이 이어졌다.

미카 교수님은 내내 옆에서 지금 진행되고 있는 과정이 어떤 의미인지 설명해주셨다. 영어를 중간중간 빼먹고 들었지만 대강의 흐름을 이해할 수 있었다. 친절한 미카 교수님은 이해되지 않은 것 같으면 직접 진행자 옆으로 가서 보여주면서 내용을 알 수 있도록 도움을 주셨다.

교장 선생님들의 그 공감의 시간을 함께하는 동안 나는 오래전 아주 익숙한 기억이 떠오르면서 가슴이 울렁거렸다. 초임 교사 시절, 학교가 끝나고 모이는 교사모임에서 우리는 늘 그런 시간을 가졌고 무엇보다 중요하게 여겼었다. 이름하여 '살아가는 이야기' 나누는 시간! 그 공감의 시간이 나머지 시간을 지탱하는 중요한 실타래가 되기도 하고 마중물이 되기도 했었다. 이야기를 나누면서 서로 함께 웃기도 하고 어깨를 다독이기도 하고. 학교생활의 어려움을 이기는 힘과 위로가 되었던 중요한 시간이기도 했다.

우리도 핀란드 교장선생님들처럼 서로를 공감하는 그런 시간을 아주 소중하게 생각했었는데…. 언제부터 우리는 그런 시간을 잃어버렸을까? 아니, 그 소중함을 조금씩 잊고 살아가는 것은 아닐까? 늘 바쁘고 종종거리느라 서로를 깊이 이해하고 공감하는 시간의 소중함을 놓치고 있었던 것은 아닐까?

미카 교수님께 나중에 질문해보았더니, 그런 시간은 핀란드에서 아주 중요한 시간으로 여긴다고 했다. 무엇보다 '대화'를 통한 상호 작용, 상호 공감의 시간은 워크숍이나 교육프로그램 운영에서 중요한 과정으로 배치된다는 말이다.

그들도 우리처럼!

교장 준비 교육프로그램 튜터로 참여하는 교장 선생님들의 사전모임에서 오래전 우리의 모습을 다시 보게 되었다.

공감과 연대를 무엇보다 중요하게 여겼던 우리! 수눌음** 공동체를 소중하게 여겼던 제주의 모습을 핀란드에서 만난다.

어려운 시대를 함께 이겨냈던 그 마음이 교육 현장에도 중요하게 남아서 연대와 협력을 만들고 있음을 느끼는 날이었다.

** 제주도 특유의 미풍양속으로 육지의 품앗이와 같다. 수눌음은 생산공동체에서 행하는 관습으로 단순한 협업 노동 이상의 의미를 지닌다.[출처: 한국향토문화전자대전]

교장 선생님들은
먼저, 서로의 이야기를
오래 나누었다.
학교에서
어려웠던 일,
슬펐던 일,
즐거웠던 일 등,
일상생활에 대해
공유하는 것 같았다

우리도 서로를 공감하는
그런 시간을 아주 소중하게
생각했었는데….
언제부터 우리는
그런 시간을 잃어버렸을까?
늘 바쁘고 종종거리느라
서로를 깊이 이해하고
공감하는 시간의 소중함을
놓치고 있었던 것은 아닐까?

핀란드
교원노동조합

핀란드 유일의
교원노동조합 OAJ

OAJ^(핀란드에서는 '오에이아이'라고 읽는다.)는 핀란드의 유일한 교원노동조합이다. 오늘은 교원노동조합 사무실에서 니쿠^{(Niku)*}를 만나 전반적인 내용을 듣고 인터뷰하는 시간을 갖게 되었다.

헬싱키에 위치한 교원노동조합 건물에는 150여 명이 근무한다. 건물은 현대적이면서 상당히 편안하고 사무적으로 디자인되어 있다. 교원노동조합은 핀란드의 전문직 및 관리자 노동조합 연맹 아카바^(Akava)에 소속되어 있는데 같은 건물을 사용한다.

120,150명 정도의 회원으로 아카바^(Akava)에서 제일 큰 조직이다. 유치원 교사부터 대학교수까지, 예비교사와 교장 및 퇴임교사 그룹까지 포함하여 전체 교사를 대표하고 있으며 가입률이 95%이다. 실제로 회원은 교육 및 교육 분야의 교육기관에서 근무하는 모든 사람을 포함한다고 볼 수 있다. 어떻게 유일의 교원노동조합이 만들어질 수 있었을까?

교원노동조합은 현재의 형태로 1973년에 설립되었다. 핀란드 최초의 교사조합은 19세기 말에 만들어졌으며 다양한 조직으로 조합이 존재하고 있었으나 1973년에 이르러 하나로 통합하게 되었다. 이 시기는 핀란드가 9년제 종합학교로 대표되는 교육개혁의 시기와 비슷하다.

가입률 95%의 교원노동조합은 어떤 일을 할까?

우선, 모든 교사에 대한 급여 및 근무시간과 같은 고용조건에 대한 협상을 수행하는 유일한 조직이라는 점과 가입률 95%라는

• 니쿠(Niku Tuomisto): 교원노동조합 협상위원회에서 일하는 개발 매니저.

사실은 그 영향력을 가늠하게 한다. 회원들은 총 급여의 약 1.2%를 회비로 자동 납부하도록 되어 있고 연말정산에서 세금 혜택을 받을 수도 있다.

최고 의사결정기구는 위원회를 구성하는데 4년 임기로 대표를 선거에 의해 선출한다. 지역별로 지부가 있어서 지방 자치단체(Municipality)와 협상 가능한 부분에서 협상이 이루어지기도 하며 중앙 기구에서 교육이나 지원을 나가기도 한다. 노동조합으로서 교사 간의 연대를 강화하고 학교교육 및 교육정책 발전, 교육학을 개발하는 것을 목적으로 한다. 다른 교사 그룹은 토론과 의사 결정을 위한 자체 포럼과 자체 교육 기관을 운영한다. 그들은 교원 노동조합의 의사 결정 기관에 대한 의견을 제시한다.

교육문화부와 국가교육위원회 등과 교육의제 및 교육정책 결정에 핵심적인 영향력을 제시하고 있으며 주로 교사의 근무조건과 관련한 협상을 하고 결정한다. 교육과정 개혁이라든가, 교육 정책의 중요 결정에는 정부 기구에 '워킹그룹(Working group)'으로 참여하여 의견을 내기도 하고, 언론에서도 주요 역할을 담당하기도 한다. 그리고 교원노동조합은 전국 각 지역의 의견을 종합하여 정부에 의견을 제시하고 교사들의 의견이 전달될 수 있도록 하고 있고 실제 그 영향력은 아주 강하다고 한다.

얼마 전, 위베스퀼레에서 종합학교를 방문했을 때 교장 선생님께서 학교 상황을 설명하면서 교사들의 근무시간 관련한 근거로 책을 한 권 보여주셨다. 교원노동조합에서 단체협상을 통해 결정된 내용을 펴낸 자료였다. 즉, 올해의 '단체협약서'였다.

'OVTES**2017'이라고 표시된 그 책은 단체협약서인데 교사별, 과목별 근무시간과 그에 관련된 계약조건 등이 정리되어 있었다. 일상적으로 교장은 교사 채용이나 계약 관련하여 참고자료로 사용하고 있었다.

교장 선생님 역시 교원노동조합 회원이었고, 조합의 활동이나 결정을 상당히 신뢰하고 있었다. 교장 선생님께서 그 책을 기준으로 교사 채용을 검토하고 있는 장면도 인상적이었고, 이어진 대화에서 교원노동조합에 대한 신뢰는 대단했다.

그 대단한 영향력에 대해 설명을 들으면서 노조의 입장과 정부의 입장이 서로 달라서 갈등이 심한 경우는 없는지 질문했다. 니쿠(Niku)는 그런 경우는 거의 없다고 한다. 예전에는 그런 경우도 있었지만 거의 모든 경우는 많은 의사소통과 대화로 해결이 가능하다고 한다.

예를 들어 설명하는 경우도 핀란드의 문화를 그대로 말해준다. 여러 가지 채널이 다양하고, 다양한 방법으로 대화하고 소통하다 보면 타협점이 생긴다는 원칙적인 말이다. 그리고 조직률 95%라는 것은 이미 그 자체로 전체 교원의 의견을 대변한다고 볼 수 있으므로 대화에 많은 영향력을 제공하고 있다고 판단된다.

특이한 점은, 아직 예비교사(Teacher student)인 학생들 조직이 교원노동조합에 가입되어 있는 점이다. 'SOOL(Finnish Teacher Student Association)'이라는 이름으로 가입된 인원이 2016년 현재 7,172명이

** 교장 및 교사들의 급료기준(salary counting program).

라고 한다. 이들은 학생으로서 교사교육 관련한 내용이나 예비교사로서의 상황에 대해 의견을 내고 활동한다.

예비교사, 현직교사, 교장, 퇴임교사를 총망라하는 핀란드의 교원노조 OAJ! 교사에 대한 높은 신뢰를 바탕으로 공교육 중심의 학교 시스템을 발전시키는 원동력이라는 생각이 들었다.

정부, 교육위원회, 시 정부 등과의 '사회적 대화(Social dialogue)'를 강조하고 '협력'의 중요성을 거듭 말하는 교원노동조합(OAJ)의 니쿠(Niku)와의 대화는 다시 한번 핀란드의 역사와 문화를 생각하게 했다.

오랜 식민기간을 거쳐 정치적 혼란 속에서 지금의 복지국가 시스템을 마련하기까지 지난한 세월 동안 그들이 만들어 온 '신뢰'와 '협력', '연대'의 문화가 다시 한번 새롭게 다가오는 날이다.

우리도
그들처럼

사우날라티 종합학교
(Saunalahti School)

사우날라티 종합학교는 헬싱키 외곽에 있는 에스포^(Espoo)시에 있
다. 헬싱키에서 버스를 타고 40분 정도 가니 학교에 도착했다. 학
교는 외관으로 보기에도 새로운 건물이었다. 들어가는 입구에 있
는 운동장 놀이기구들은 처음 보는 기구였고, 운동장의 위치나 학
교 건물 디자인도 독특했다.

학교에 들어가니 2층에 위치한 교사 미팅룸에서 오늘 방문자들
을 위한 교감 선생님 학교 안내가 있었다. 수요일은 교사들의 미
팅이 있는 날이어서 학생들 수업은 오전 10시부터 시작한다고 한
다. 10시 전에는 교사 미팅과 학부모 상담이 필요한 반에서 학부
모들과의 만남도 진행된다. 그래서 외부 방문자들도 수요일 9시
전에 도착해서 방문하도록 하는 것 같았다.

교감 선생님의 설명에 따르면 이 학교는 2012년에 개교했다.

학생들의 안전과
돌봄을 생각하는
복합적 디자인,
모든 공간이
학습공간이
되는 구성,
학생들을 위한
놀이시설 및
가구 배치 등이
돋보이는 학교다.

그래서 아직 전체 학년(1학년~9학년)이 다 갖춰지지는 않은 상태다. 현재는 8학년까지 800명이 다닌다. 교사와 보조교사 등 교직원은 모두 100명 정도 근무한다고 한다.

무엇보다 이 학교 건물은 교육적 목적과 필요에 따라 복합적인 빌딩으로 디자인되어 있다. 온종일 돌봄센터(Daycare center), 학교(School), 공공도서관(Public library), 청소년센터(Youth center)가 한 건물 안에 함께 있다.

건축가에 의해 예술적으로 디자인된 학교 건물도 구석구석 안전하고 편안한 구조로 이루어져 있다. 더욱 관심을 끈 것은 에스포(Espoo)시에서 운영하는 공공도서관과 청소년센터가 학교에 함께 있다는 것이다.

공공도서관 사서 선생님은 시(City)에서 채용한다. 도서관은 오전 8시부터 오후 3시까지는 학교 학생들의 도서관으로 운영된다. 3시부터 저녁 8시까지는 시민 모두가 이용할 수 있는 공공도서관이 된다. 학생들의 수업을 위해 도서관 사서 선생님은 연간 학년별로 운영되는 워크숍 스케줄을 보여주셨고 교사들과도 수업지원을 위해 회의를 갖는다고 했다.

청소년센터에는 시에서 운영하는 지도사 2명이 상주한다. 3학년부터 6학년까지는 12시부터 오후 4시까지, 7학년부터 17세까지는 오후 4시부터 오후 9시까지 이용할 수 있다. 무료로 이용하는데 편안히 쉴 수 있는 작은 방들과 요리 실습 공간, 탁구나 당구, 그 외 놀이를 즐길 수 있는 기구들이 있다. 안전하고 편안하게 학생들이 공간을 이용하고 만남을 가질 수 있게 하는 것이 목적이라고 한다. 특별한 이용 규칙도 두지 않고 있는 이유를 물었더니 규율이나 규칙은 오고 싶지 않은 곳으로 만들 수 있다고 한다.

학생들은 학교 복도를 통해 청소년센터로 올 수 있다. 방과 후에 거리에서 친구들과 만나지 않아도 쉽게 이 공간에서 놀고 안전하게 지낼 수 있겠다는 생각이 든다.

학교 건물도 새롭다. 학년별로 교실이 모여 있는데 교실들의 가운데, 복도는 공동의 학습공간이다. 복도에서도 수업이 이루어지고 있는 모습을 볼 수 있고, 1~2학년인 경우는 수업에 따라 반을 혼합하여 그룹별 수업을 진행하기도 한다.

유치원과 1~2학년 교실은 1층에 주로 위치하고 밖의 놀이터로 나가기 쉽도록 연결되어 있다. 바깥 놀이 활동을 주로 많이 하기 때문에 놀이기구와 비옷, 장화 등 도구를 모아두는 공간도 별도로 마련되어 있다.

저학년 학생들의 야외놀이 준비실

급식은 학교 중앙홀에서 한다. 많은 사람이 오고가는 중앙 센터가 학생들의 급식 장소이자 중요한 행사가 있을 때 무대 겸 공연장으로 사용되는 곳이다. 개방적인 식사 장소도 인상적이다. 모든 사람들이 모이는 센터가 급식실이자 공연장이고 만남의 장소인 것이다.

학생들의 안전과 돌봄을 생각하는 건물의 복합적 디자인, 모든 공간을 학습공간으로 활용할 수 있는 구성, 복도며 중간중간 학생들을 위한 놀이시설 및 가구 배치 등이 돋보이는 학교였지만, 가장 깊은 인상을 주었던 것은 교감 선생님의 학교 안내였다.

나눠주신 6쪽 학교 안내자료 중 2쪽은 학교의 특별한 건물 디자인에 대한 안내였고, 4쪽은 '학교의 미션', '학교의 기본 운영원리', '우리의 꿈, 학생들이 학교를 떠날 때 이루기를 소망하는 것들'로 구성되어 있다.

사우날라티
종합학교

Saunalahti School

우리의 미션

우리가 가르치기에 즐겁고 손쉬운 아이들로 키우는 것이 아니라 미래에 세상으로 나아가 자신의 자리를 차지하고 자신을 발견할 수 있을 만큼 건강하고 강한 아이들로 키우는 것이다.

OUR MISSION

A child is not brought up so that he can be as pleasant and effortless for us as can be, but so that he can be healthy and strong to fill in his future place in the world and discover himself

우리의 꿈, 아이가 학교를 떠날 때

- 그는 자신의 강점과 약점을 안다.
- 그는 자신이 우리 공동체에 속해 있다고 느낀다.
- 그는 학습에서 개인적 최고를 달성했으며
  여전히 배우기를 간절히 바라고 있다.
- 그는 이 세상에서 자신의 자리를 찾을 수 있다.
- 그는 다른 사람을 사랑하고 돌보는 법을 배웠다.
- 그는 그의 근본적인 힘과 세상을 향한 날개가 있다.

OUR DREAM,
WHEN THE CHILD LEAVES OUR SCHOOL

- he knows himself; his strengths and weaknesses
- he feels that he belongs in our community
- he has achieved his personal best in learning and
  he is still eager to learn
- he is able to find his place in the world
- he has learned to love and care for others
- he has roots and wings

학교 안내 자료를 읽으면서 벌써 가슴이 뛰고 있었다. '학교의 미션'과 '우리의 꿈, 학생이 학교를 떠날 때'를 읽는 내내 학생 한 명 한 명이 자신을 알고 타인을 존중하며 세상의 한 주체로서 살아가기를 소망하는 내용으로 가득했다.

'학교의 기본 운영원리'의 첫 번째는 '모든 학생은 특성이 있다 (Every child is uniqe)'다. 그래서 이 학교에서는 모든(!) 학생이 개인별 수업 계획에 따라 배운다. 필요하다면 학생의 배움을 위해 1년 더 공부할 수도 있고, 일찍 학년을 올라갈 수도 있다. 무엇보다 학생들이 충분한 돌봄을 통해 안전과 사랑을 느끼도록 한다.

교감 선생님의 안내가 끝나자 학년별 학생 5명이 나와서 학교 활동에 대한 소감을 발표하고 방문객의 질문에 답하는 순서를 가졌다. 학교를 방문한 사람은 50명쯤 되어 보이는데 우리를 포함해 총 7개 국가에서 왔다. 한국, 호주, 아르헨티나, 스페인, 멕시코, 콜롬비아, 칠레 등. 그래서 학교 선생님 중에 한 분은 스페인어 통역을 담당했다.

학생들은 세계 7개 국가에서 온 교육자들의 질문에 답하고 소감을 발표했고, 교감 선생님은 늘 있는 일인 것처럼 하나도 특별하지 않게 학교의 미션을 소개했다. 스페인어를 통역하는 선생님은 교감 선생님이 놓친 부분을 교감 선생님께 질문하면서 통역을 이어갔다.

설명을 듣다가 어느 순간, 나는 제주의 어느 학교 교감 선생님이 학교 교육과정을 설명하시고 많은 다른 나라 교육자들이 모여서 듣고 있는 장면이 오버랩되며 상상되었다. 그 자리에 오늘처럼

교육은 학생들의 배움과 성장에
중심을 두고 있어야
지속 가능하다

앉아서 교육은 무엇보다 학생들의 배움과 성장에 중심을 두고 있어야 지속 가능하다는 오래된 진리를 다시 확인하고 있을 내 모습도 그려보았다.

제주의 다혼디 배움학교*의 비전과 사우날라티 학교 비전은 많이 닮았다. 미래 교육을 위해 새로운 고민과 실천을 하고 있는 여러 학교도 떠오른다. 어디 그것뿐이랴! 무엇보다 중요한 선생님들의 노력과 열정은 멋진 미래 교육을 열어갈 것임에 분명하다.

우리도 그들처럼, 그렇게 될 것이다. 무엇보다 제주는 공동체의 미래를 위해 자발적으로 학교를 만들어 지켜왔던 곳이 아닌가? 핀란드처럼 어려웠던 역사 속에서 미래를 위해 교육을 제일 중요한 일로 여겼던 땅이 아닌가?

학교의 비전과 운영원리를 기반으로 학교 건물에서부터 교육 내용까지 학생 한 명 한 명의 소중함을 실현하고자 하는 사우날라티 학교에서 나는 왜 제주가 떠오를까. 제주의 미래교육이 기대될까. 어디서부터 시작되는지 모르는 두근거림에 가슴이 울렁거리고 있었다. 우리도 그들처럼!

• 제주특별자치도교육청이 2015년부터 지정·운영하고 있는 제주형 자율학교(제주형 혁신학교).

오래된
교육의 미래

오스날티 데이케어 센터
(Otsonlahti day-care center)

데이케어 센터는 제주에서 어린이집에 해당하는 곳이다. 3~6세 아이들이 종일 생활하는 곳. 오늘은 헬싱키에서 버스로 10분 정도 이동해서 에스포시에 있는 오스날티 데이케어 센터를 방문했다.

아이들 15명과 선생님 세 분이 함께 있는 이곳은 헬싱키 인근의 신도시에 있으면서도 어제 방문했던 사우날라티 학교와는 아주 다른 분위기다.

우선, 센터는 주택과 주택 사이의 숲 속에 있다. 버스에서 내려서 조금 걸어 들어가니 울창한 나무들과 작은 오두막집이 있었다. 밖의 나무 대문을 열고 들어가니 넓은 마당^(마당이라고 하기엔 너무 넓은 뜰)에서 아이들이 선생님과 놀고 있었다. 마당에는 돌로 오래전에 쌓아서 만들어진 언덕, 나무 그네, 모래 놀이판, 큰 바위와 바위 사이의 놀이터 등 자연스럽게 자연과 어우러진 놀이 공간에 아이들이 정말 자유롭게 놀고 있었다.

15명 정도의 아이들이 다 차지하고 놀기에는 너무 넓었다. 선생님과 함께 있기는 하지만 나무 사이에 있는 아이, 바위 위에 올라가 있는 아이, 흙과 모래 위에서 장난하는 아이. 모두 자연 속에서 행복하게 놀고 있었다. 아이들이나 함께 놀고 있는 선생님들 표정이 너무 밝아서 그냥 보는 것만으로도 마음이 환해지는 것 같았다.

선생님이 우리 일행도 아이들과 함께 놀이를 하자고 제안하셔서 우리는 아이들과의 공식(!) 만남을 함께 노는 것으로 시작했다. 어른들이 동물 흉내를 내면서 중간에 서 있으면 아이들이 그곳을 통과해서 다른 쪽으로 이동하는 것이다.

자연 속에 오랜만에 함께한 장학사님도, 우리를 안내했던 야코 (Jakko)●도 모두 아이들처럼 놀았다. 초등학교 교장선생님이었던 야코에게 아이들과 노는 모습이 참 행복하게 보였다고 했더니,

"언제나 그렇게 생각합니다. 아이들을 이해하는 가장 좋은 방법은 아이들의 수준으로 함께 지내보는 것입니다."라고 웃으며 대답했다.아이들과 함께 놀고 나니, 아이들이 좀 더 자세히 보였다. 수줍어하는 아이, 다른 아이를 챙기는 아이, 언제나 대담하게 자신을 표현하는 아이. 자세히는 모르지만 얼굴을 보면 조금씩 아이들이 보이기 시작했다.

한차례 놀이를 마치고 아이들이 정리하는 모습을 보았다. 야외활동을 정리하기 위해 자기가 놀았던 놀이 도구들은 오두막집 창고에 스스로 가져다 놓았다. 아주 어린 아이도 자신의 모래놀이 도구, 자동차 장난감들을 창고에 가져가서 정리해 놓았다. 매일 하는 일인 것처럼 자연스러웠다.

작고 오밀조밀한 아이들의 공간으로 들어왔다. 2층 조그만 다락방까지 포함해서 아이들이 지내는 공간은 그야말로 작지만 알찼다. 야외놀이용 옷을 벗어 걸고 손을 씻은 뒤 작은 거실, 창밖의 나무가 보이고 숲이 보이는 공간에 아이들은 동그랗게 의자에 모여 앉았다.

선생님 한 분은 자연스럽게 기타를 꺼내서 반주를 하시고 두 선생님은 아이들과 함께 노래 부르면서 자신을 소개한다. 분위기에

● 핀란드 교육연구소(Educluster Finland) 연구원.

맞춰 리듬에 맞게 아이들 수준으로 우리도 자신을 소개했다. 조용한 기타 반주 그리고 간단한 리듬으로 아이들이 따라 하는 노래 그리고 이어지는 놀이. 한 명씩 앞으로 나가서 노래 부르며 세계의 인사말을 배우는 놀이와 노래는 돌다가 한국으로 왔다.

우리가 말해준 '안녕하세요?'를 아이들이 따라 하며 노래로 표현했다. 전혀 계획되지 않았고 얘기하지 않았지만 자연스러운 놀이의 흐름에 우리도 아이들도 함께 배우게 되는 시간이었다. 노래의 리듬에 맞춰 자신을 발표하고 소개하는 활동에 아이들은 어렸지만 나름대로 자신 있게 행동했고, 수줍어하면서도 선생님의 도움으로 자신을 표현했다.

선생님은 한 명 한 명의 아이들과 눈을 맞추고 아이들이 자신을 표현할 수 있도록 돌보고 도와주었다. 함께하니 아이들이나 선생님들과 더 가까워진 것 같았다. 우리는 이제 방문객이 아니라 원래 함께였던 사람들 같았다.

실내 놀이가 끝나니 아이들이 각자 선택한 활동을 하는 시간이다. 4명 혹은 2명, 3명씩 모여서 그룹 활동을 한다. 그림을 그리는 아이, 색칠을 하는 아이, 블록을 갖고 노는 아이, 방에서 인형을 갖고 노는 아이, 2층 다락방에서 무엇인가를 길게 조립하는 아이. 서로 그룹으로 모여서 뭔가를 한다. 그룹 활동을 함께 보았는데 아이들은 큰 소리가 없다. 어린아이들이 모였는데도 다투거나 우는 소리가 없다. 30분 정도의 시간 동안 자기들이 선택한 활동을 하면서 서로 방해하는 아이도 없다. 큰 웃음소리도 없고. 아이들이 없나? 하고 방에 가보면 서로 뭔가를 하고는 있는데, 그냥 아이들 소리가 조금 들릴 뿐. 그 옆 작은 주방에서 방문한 우리들과 선생님들이 이야기를 나누고 차를 마시는 동안, 우리는 자기가 만든 조립품을 자랑하기 위해 찾아온 아이 한 명을 만났을 뿐, 아이들은 모두 자신의 활동에 열중해 있었다. 이 아이들은 아직 3~6세의 아이들인데도.

선생님들과 잠시 이야기를 나누는 주방(정말 작은 공간)도 따뜻했다. 식탁 옆 창으로는 큰 나무와 마당이 보였다. 정말 자연과 함께 생활하는 곳 같다고 감탄했더니 가끔 다람쥐나 오소리 같은 동물들도 마당에 놀러 온다고 했다.

운영은 에스포시에서 하고 학부모들은 일부 운영비를 부담한다. 선생님들과의 얘기 도중에 아이들 점심 도시락이 배달왔다. 예전에는 점심을 직접 만들었지만 이제는 외부에서 만들어 배달하고 있었다. 선생님들이 온전하게 아이들에게만 집중할 수 있도록 하기 위한 일이라고도 전한다.

아이들 식사 시간이 가까워진 것을 알고 우리는 서둘러 자리에서 일어났다. 더 있고 싶은 마음이 가득했지만, 그 자리에 앉아 있으면 더 많은 이야기들이 오고갈 수 있을 것 같고, 많은 이야기를 하고 싶고, 아이들과 더 있고 싶었지만.

오스날티 센터에서의 3시간!

우리는 마음이 따뜻해지는 것을 느끼며 돌아섰다. 오래 기억하고 싶은 곳, 자연과 함께 아이들이 어울려 노는 곳, 스스로 자기가 할 일을 하는 방법을 배워가는 곳, 선생님의 따뜻한 돌봄이 아이들에게 스며들고 있는 곳, 아이들은 수줍지만 자신을 표현하는 방법을 알고 협력하는 법도 자연스럽게 배워가는 곳, 좁고 작은 공간이 더 아름답게 보였던 곳!

새로운 사람과의 만남도 자연스럽게 노래와 놀이로 서로 다르지 않음을 만들어 주셨던 선생님들, 공동체는 그렇게 자연스럽게 배움으로 연결된다는 것을 삶으로 배우는 곳!

자꾸 뒤돌아보며 나왔다.

'교육'의 아주 오래된 미래를 만난 것 같은 날이다.

자연과 어울려 노는 곳
따뜻한 돌봄이 스며들어
자신을 표현하고
협력하는 법을 배워가는 곳
그 작은 공간이 아름답다

선물처럼
만난
슈타이너 학교

우연히, 위베스퀼레(Jyväskylä)의 슈타이너(발도르프) 학교를 만났다. 오늘 일정은 일반 고등학교의 교육내용을 알아보기 위해 쉴트 고등학교(Schildtin Lukio)를 방문하는 것이었다.

쉴트 고등학교 로비에서 만나기로 약속한 교감 선생님을 기다리는 동안 로비 이곳저곳을 살펴보는데, 초등학생으로 보이는 학생이 보였다.

'왜 고등학교인데, 초등학생이 보이지?' 그래서 학생을 눈으로 따라가 보니 선생님이 교실로 안내하고 있었다. 선생님께 질문한 결과 같은 건물에 슈타이너 학교가 있다는 것이다. 아! 그래서 학교로 들어갈 때 야외에 초등학생이나 유치원 어린이들이 사용함직한 놀이기구가 있었구나. 이런, 선물 같은 일이 생기다니! 일부러라도 찾아가고 싶었던 유럽의 슈타이너 학교를 방문할 기회가 생긴 것이다.

발도로프 학교라고도 불리는 슈타이너 학교는 독일의 대안교육으로 알려져 있지만 1994년 유네스코 제44차 세계교육부장관회의에서 21세기 교육개혁의 모델로 선정되기도 했고, 우리나라에도 혁신학교 중에서 발도르프 학교의 교육내용을 교육과정과 연결하는 학교가 있다는 것을 알고 있었다.

특히, 노작교육, 예술교육을 중심으로 학생들 고유의 특성을 존중하는 교육과정을 운영한다는 점에서 평소 관심이 있던 학교였다. 관심을 보였더니 쉴트 고등학교 교감 선생님께서 슈타이너 학교 1학년 영어 수업을 참관할 수 있는 기회를 주셨다.

슈타이너 학교의 언어(Language) 선생님이라고 소개하신 파울라(Paula) 선생님의 영어 수업을 참관하고 선생님과 이야기를 나누게 되었다.

초등학교 1학년 영어 수업은 노래로 시작되었다. 노래로 인사하고 간단한 율동과 함께 지난 시간에 배웠던 내용을 다시 익혔다. 그리고 오늘 배울 몇 문장을 칠판에 쓰고 학생들과 함께 따라 읽었다. 그리고 그에 맞는 여러 가지 색깔이 있는 분필로 그림을 그리고 함께 리듬이 있는 문장 읽기를 하였다.

별도의 교과서나 교재가 없고 학생들이 만든 교과서 겸 포트폴리오 자료에 오늘 배운 문장을 각자의 크레파스로 쓰고 그림을 그렸다. 학생이 스스로 만든 영어책을 살펴보니 짧은 노래와 시가 그림과 함께 들어 있었다. 선생님은 보조교사와 함께 학생 한 명 한 명을 살피며 학습 정도를 돌아보셨다. 수업 분위기는 정적이고

차분했으며 학생들은 배움에 집중하고 있었고 배운 내용을 자신만의 방식으로 표현하였다. 23명이 수업을 받고 있었으나 자신의 의사는 주저 없이 표현하였고, 나의 질문에도 수줍게 대답하는 모습이 인상적이었다. 수업이 끝나고 교실을 살펴보니 학생들이 나무로 만든 새집, 손으로 만든 작은 물건들이 전시되어 있다.

이 학교는 위베스퀼레(Jyväskylä)에 있는 유일한 슈타이너 학교라고 했다. 1학년부터 9학년까지 170명이 학생이 다니고 있는 종합학교 형태로 운영되고 있었다.

핀란드에는 21개의 슈타이너 학교가 있고, 위베스퀼레에는 슈

타이너 유치원이 있다고 했다. 기회가 된다면 유치원도 방문해보
고 싶다고 했더니 일정을 서로 잡아보자고 하신다.

슈타이너 학교는 지방정부로부터 재정을 지원받고 있지만 공
교육은 아니다. 쉴트 고등학교와 건물은 같이 사용하지만 교장도
다르고 모든 시설이 별개로 운영되고 있다.

선생님께서 친절하게 교실 전체를 볼 수 있는 기회를 주셨다.
마침 점심시간이라 저학년은 교실이 비어 있었고, 7~9학년은 수
업 중에 교실에 들어갈 수 있었다. 고학년 교실에는 목공품이나
손으로 직접 만든 작품들이 1학년보다 훨씬 많이 있었다. 수업 중

에 만든 것인지 질문했더니 교육과정 중에 만들었는데 이 작품들로 이번 주 목요일에 마켓을 연다고 한다. 학부모와 학생들이 참여해서 시장을 열고 거기에서 팔 물건들이라고 설명해 주신다.

5~6학년 교실에 갔을 때, 태블릿 PC를 사용할 수 있는 장비가 있어서 학생들이 수업 시간에 개인용 컴퓨터를 사용하는지 물었더니 5학년 이상은 가끔 사용하지만 그 이하의 학년은 사용하지 않는다고 했다. 이유는 컴퓨터보다는 '인간(Human Being)'의 상호 작용에 의한 배움이 더 중요한 시기이기 때문이라고 했다.

선생님께서는 교육과정에 대해 더 안내하고 싶어했지만 다음 수업이 있어서 인터넷 홈페이지를 안내해주셨다. 핀란드 전체의 슈타이너 선생님들과 협력하며 자주 모임도 갖고 있으며 세계 슈타이너 교육 관련 네트워크를 이용한다고 한다.

파울라(Paula) 선생님은 'Waldorf School'이란 표현을 자주 쓰셨는데 나는 'World of School'로 듣고 서로 동문서답을 하다가 나중에야 그 표현이 '발도르프 학교'를 뜻함을 알고 서로 웃기도 했다.

쉴트 고등학교에 주요 방문 일정이 있어 2시간 정도 머물렀던 학교, 다음에 또 기회를 만들어 봐야겠다.

위베스퀼레의 슈타이너 학교!

예정에 없던 방문이었지만 수업 내용과 다른 교실까지 안내해주셨던 파울라(Paula) 선생님께 감사함을 전하고 다음을 기약했다. 1학년 영어 시간 이외에 잠깐씩 들어갔던 수업 시간 분위기는 차분하였다. 수업 중인데도 반갑게 인사하고 맞아준 학생들과도 조금 얘기 나눌 수 있는 기회가 있었으면 하는 아쉬움이 있었다.

쉴트 고등학교 일정을 마치고 나오자 오후 4시가 조금 넘었다. 교장 선생님께서 학교 교육 내용 이외에도 이곳저곳을 열심히 안내해주시느라 예정보다 늦은 시간이었다.

학교 밖 야외 놀이터에는 아직도 슈타이너학교 아이들이 그네를 타고 모래놀이를 하며 놀고 있었다. 보통 이곳의 아이들은 아무리 야외활동을 즐겨도 이 시간이면 학교에서 아이들을 볼 수 없는데 아이들이 놀고 있는 모습이 새롭다. 부모님들이 아이들을 데리러 와서 서로 이야기를 나누는 모습도 보인다. 자연과 더 친숙하고 놀이와 더 가까운 아이들인 것 같다.

다음에 슈타이너 유치원도, 아이들이 만드는 마켓도 가보고 싶다. 아무리 생각해도 선물 같은 날, 신기하고 감사한 날이다.

빛의 도시

(City of Light)

위베스퀼레
빛의 도시 축제

9월 28일부터 3일간 위베스퀼레에서는 '빛의 도시(City of Light)'라는 축제가 열린다. 며칠 전부터 작은 도시의 광장에 현수막이 걸리고 도시에 뭔가 열릴 것 같다는 느낌이 온다. 여러 느낌들로 봐서 여기에서 열리는 큰 축제라는 생각이 들었다. 다른 때에도 주말이면 광장에 사람들이 모이는 여러 이벤트들이 열리곤 했다. 플리마켓이라든가, 음식축제라든가, 패션쇼라든가. 그러면 조용하던 도시에 언제 사람이 있었나 싶게 많은 사람들이 광장에 모여서 서로 즐거움을 나눈다.

그런데 이번에는 도시 전체에서 열리는 큰 축제라고 하여 궁금증이 더해졌다. 과연 핀란드의 축제는 어떨까?

평소 9유로(Euro)를 받던 미술관도 축제 기간 동안은 무료로 운영된다. 시립도서관에도 평소와 다르게 여러 작품들이 전시되었고 사람들이 주로 모이는 교회 광장을 중심으로는 여러 조형물들이 설치되었다.

공예학교나 디자인 관련 공부를 하는 고등학생들은 이때 전시할 작품들을 프로젝트 학습으로 공부하고 결과물을 시내 곳곳에 전시한다. 그리고 직업학교 학생들은 광장에 부스를 설치해서 운영한다.

그 외 여러 조형물들은 유베스퀼레시와 회사들도 참여한다고 한다. 이때에 맞춰서 대학생들은 각 과별로 축제에 참여한다. 특유의 과별 유니폼을 맞춰 입고 도시 곳곳에서 노래 부르며 함께 모여 노는 모습도 볼 수 있다.

'빛의 도시(City of Light)'라는 축제는 도시의 조명과 관련된 축제였다. 위베스퀼레의 유명한 축제로 핀란드의 여러 지역에서도 이 축제를 보기 위해 많은 사람들이 찾아온다.

'좋은 조명은 도시 주민들의 즐거움과 삶의 질을 향상시킨다.'라는 생각으로 열리고 있는 이 축제는 주로 '빛'을 이용한 조형물들이 도시 곳곳에 설치되고 사람들은 그 빛의 아름다움을 즐긴다. 같은 조형물이라고 하더라도 낮에 보는 것과 빛이 더해졌을 때 주는 느낌은 아주 다르다는 것을 다시 느끼게 된다. 빛이 주는 미학적 가치도 알게 되는 것 같았다.

도시 곳곳에 설치된 예술 작품들에 밤이 되면 빛이 들어오고 빛에 더해진 아름다움을 감상하기 위해 많은 사람들이 거리로 나온다. 나무에, 공원에, 건물에, 숲에, 강가에 설치된 여러 작품들은 우리가 사는 세상을 며칠 동안 다른 세상으로 만들어 준다. 여기에 설치된 작품들은 축제가 끝나면 철거되는 것들도 있지만 영구적으로 남아서 사람들의 삶과 함께하는 것들도 있다고 한다.

첫째 날 저녁, 축제가 열리는 날 참여해보니 낮에 보이던 작품들에 빛이 담겨지면서 아름다운 장관을 연출하고 있었다. 빛과 조명이 주는 아름다움을 사람들은 만끽하고 있었다.

아주 어린아이들도 부모님들과 함께 나와서 여러 작품 앞에서 사진도 찍고 작품 속에 들어가 보기도 하고, 광장 바닥을 비추는 빛의 모양을 따라 돌아다녀보기도 한다.

평소에 분명히 미용실이라고 기억하고 있던 가게에서는 연극을 하고 있었다. 미용실 쇼윈도를 통해 지나가는 사람들이 구경할 수 있도록 하고 있었는데 여섯 명 정도의 배우들이 별도의 분장이

'좋은 조명은
도시 주민들의
즐거움과 삶의 질을
향상시킨다.'라는
생각으로 열리는
'빛의 도시'
주로 '빛'을 이용한
조형물들이 도시
곳곳에 설치되고
사람들은 그 빛의
아름다움을 즐긴다.

나 소품 없이 평소의 차림 그대로 주제를 표현하고 열연한다. 지나는 사람들은 길가에서 연극을 감상하고 또 박수도 쳐준다. 그러니까 몸으로 표현하는 연극인데 가만히 보니 어려웠던 시대를 넘어서 새로운 신세계를 찾아가는 사람들의 노력 등을 표현하는 것 같았다.

둘째 날 저녁은 이 축제의 절정이었다. 우리 숙소를 나가자마자 많은 사람들이 한곳을 향해 이동하고 있어서 따라가 보았다. 우리 숙소를 조금 넘어서 강이 흐르고 있었는데 그 강가에 많은 사람들이 모여 있었다. 이미 강 주변 숲에는 많은 빛을 이용한 작품들이 설치되어 빛의 축제를 연출하고 있었다. 나무와 숲과 길과 돌과 울타리 등 모든 자연이 빛 속의 한 부분으로 화려하지는 않으나 아름답게 조화를 이루고 있었다.

많은 사람들이 강가에 서서 무엇인가를 기다리고 있어서 같이 잠시 기다렸더니 조용한 음악과 함께 강 상류에서부터 서서히 빛의 작품들이 강물을 따라 아래로 내려온다. 우리의 연등 모양 작품도 있고, 종이배 모양도 있다. 사람 모양 작품도 있다. 종이로 만든 작품 속에 빛이 있어 은은하게 주변을 밝히는 작품들이 음악과 함께 내려오는 동안 사람들은 환호도 없이, 큰 소리도 없이 가만히 바라보며 사진도 찍고 옆 사람과 손도 잡고 같이 즐긴다.

이 많은 사람들이 모였는데도 이렇게 조용하게 축제를 즐기다니! 단지 아름다움을 즐길 뿐인 듯하다. 크게 누구를 부르는 사람도 없고, 술에 취해 떠드는 사람도 없고, 더구나 환호를 지르는 사람도 없다. 단지, 아름다운 작품들이 하나씩 떠내려올 때 작은 감

탄들이 옆에서 들려오기는 한다.

　강가를 따라 좀 돌아서 집으로 돌아왔다. 강을 따라 걷는 내내 어둠 속에서 길가에 설치된 학생 작품들과 미술 작품들이 아름답게 도시를 빛내고 있었다. 사람들은 그 속을 걷고 작품을 감상한다. 평소에 불이 꺼져 있던 학교 건물은 이날을 맞아 빛을 이용해서 조명을 새롭게 만들어 밝힌 곳도 있었다.

　'빛의 도시'

　빛은 사람들의 삶에 어떤 영향을 주고 있을까? 다시 생각해 보게 하는 시간이었다. 아름다운 조명과 비춤이 평소에는 느낄 수 없던 것들을 다시 느끼게 하고 따뜻함과 안전함에 다시 고마움을 갖게 하던 시간이었다. 조용하고 평화롭게 그러나 충실하게 그 아름다움을 온전히 즐기는 위베스퀼레 사람들과 다시 만날 수 있는 기회였다.

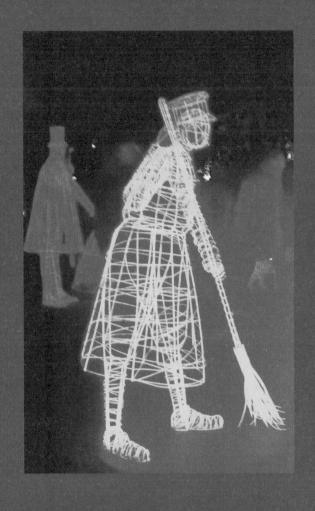

조용하고 평화롭게 그러나 충실하게
그 아름다움을 온전히 즐기는
위베스퀼레 사람들

다른
백년을 위한
준비

시빅스카 아카데미아
(Sivistysakatemia)[•]

'시빅스카 아카데미아^(Sivistysakatemia)'에 대한 기사를 보는 순간, 나는 핀란드 사람들에게 교육이 갖는 의미를 다시 한번 깊이 생각하게 되었다.

올해는 핀란드 독립 100주년을 맞는 해다. 긴 식민의 시간을 거쳐 러시아로부터 독립하고 그 후에도 내전과 전쟁이 남긴 상처를 극복하고 현재의 복지 국가를 이룬 핀란드 사람들, 이 사람들은 현재의 복지국가를 건설하는 데 교육이 있어서 가능했다는 철저한 믿음을 가지고 있다. 그 믿음은 이제 새로운 100년을 준비하고 있다는 것이다.

교육은 핀란드를 고도로 발달된 복지 사회로 만들었고 앞으로

• http://www.oaj.fi/cs/oaj/Uutiset?&contentID=1408919521347&page_name=OAJ,+OKM+ja+
OPH+lanseeraavat+Sivistysakatemian+SuomiAreenassa

의 100년 그 이후, 어떻게 이 시스템을 유지하고 발전시킬 것인가? 하는 답을 찾기 위해 핀란드의 3개 중요 교육기관, 교육부, 국가교육위원회, 교원노동조합이 '시빅스카 아카데미아'라 불리는 학습, 교육 및 문화를 위한 아카데미를 개설한다고 한다.

이 거대한 프로젝트인 '시빅스카 아카데미아'는 2017년 10월부터 시작하여 앞으로 매년 사회의 중요한 의사결정에 참여하는 각기 다른 사회 부문 30명의 오피니언 리더를 아카데미에 초청한다. 그들은 유아 교육에서부터 대학에 이르기까지 전체 교육 시스템에 대해 토론하고 새로운 방식으로 향후 핀란드의 100년을 설계한다고 밝히고 있다.

> 교육 평등의 발전은 모든 어린이들에게 가족 배경에 관계없이 잠재력을 최대한 발휘할 수 있는 기회를 보장했습니다. 세계 최고의 교육학 독립적 교육 및 대학 교육을 받은 교사도 핀란드 교육 시스템에서 핵심적인 역할을 수행했습니다. 핀란드는 앞으로도 세계 최고의 지위를 유지하는 데 필요한 모든 조건을 갖추고 있지만 변화하는 환경에 지속적으로 대처하고 변화에 대응해야 합니다.
>
> Grahn-Laasonen(교육부 장관)

> 교사는 문명사회를 건설하는 데 중요한 역할을 합니다. 시빅스카는 우리가 미래의 문명적이고 교육받은

복지 사회로서의 지위를 유지할 수 있도록 노력해야 합니다.

Olli Luukkainen(OAJ 회장)

교육은 좋은 삶을 창조하고 문명을 발전시키는 데 그 본질적인 가치가 있음을 확고히 믿고 있는 핀란드 사람들! 미래는 청소년과 젊은 사람들에게 교육의 기회를 어떻게 제공하고 지원하느냐에 달려 있다고 생각하고 지금 다시 100년의 핀란드 미래를 준비하는 사람들, 그리고 그 중심에 교사의 역할을 다시 중요하게 여기는 사람들.

지난 역사 속에서 교육이 있어 현재가 가능했고, 미래를 열어갈 힘 또한 교육에 있음을 확고하게 믿는 나라. 독립 100주년을 맞는 지금이 다시 업데이트할 시점임을 선언하고 그 시스템을 열어가기 위해 아카데미를 여는 나라, 핀란드!

핀란드에서 '시빅스카 아카데미아' 기사를 읽으면서 크게 심호흡해야 했다. 교육의 역할에 대한 확신으로 다시 100년을 준비하는 사람들의 끊임없는 헌신과 노력이 저절로 느껴졌다. 새로운 시대를 만드는 새로운 상상력이 기대된다.

그리고, 인류 문명이 발전해온 것처럼 교육은 사람의 성장과 문화의 토대로서 과연 어디까지 발전할 수 있는가? 우리는 무엇을 꿈꾸고 지금 무엇을 실천해야 하는가? 다시 가슴 밑바닥의 고민을 하게 하는 시간이었다.

핀란드에서
만난 추석

한글을 배우는
핀란드 사람들

---

lisää perhesanastoa:

ㅏ아ㅂㅓ지, Isoisä (haraboji)
ㅓㅁㅓ니, isoäiti (halmoni)
ㅊㅗㄴ, setä, eno (samchon)
ㄱ, täti (imo)
ㅅ, serkku (sachon)
ㄴ, aviomies (nampyon)
, vaimo (ane)
poika (adyl)
ytär (tal)

구, poikaystävä (namjachingu)
, tyttöystävä (yojachingu)
stävä (chingu)

minun, meidän
= minun äiti

---

adjektiiveja

좋아요, joayo = hyvä
더워요, tomawoyo = kuuma
추워요, chuoyo = kylmä
매워요, mewoyo = tulinen
커요, khoyo = iso
작아요, jagayo = pieni
비싸요, pissayo = kallis
싸요, ssayo = halpa
아름다워요, ~~예뻐요~~ arymdawoyo
귀여워요, kiowoyo
예뻐요, yeppoyo = nätti
잘 생겼어요, jalsengkyossoyo =
뚱뚱해요, tongtonghɛyo = lih
늘ㅆㅣㅎㅐ요, nalsshinheyo = la

바람이 많이 불고 비도 와서 추워진 날, 오늘은 한국의 추석 전날이다. 아마 지금쯤 제주에서는 가족들과 친척들이 모여서 추석 준비를 마치고 즐거운 시간을 보내고 있을 것이다.

가족 생각도 나고, 제주도가 엄청 그리운 날!

며칠 전 수업 중에 지금이 제주에서 긴 연휴와 추석이 있는 주간이라고 이야기했더니 오늘 수업이 끝나고 소일라(Soila)*가 한글 공부하는 사람들과 만나는 기회를 만들어주었다. 어제 강의했던 '평생교육과정(Adult Education)'을 직접 경험해보는 기회도 될 것이라는 얘기와 함께, 마침 소일라 동생이 다니고 있는 '한국어 과정'에 참여해보자는 제안이었다.

'평생교육과정'은 주로 성인 교육과정으로 일이 끝나거나 고등학교 과정이 끝난 후에 받을 수 있는 여러 과정이 개설되어 있다. 때로 과정이 끝나고 자격증이 주어지는 것도 있지만, 흥미나 특별한 취미로 공부하는 사람도 많다.

핀란드의 교육정책 중 하나는 'Life long learn', 평생 공부할 수 있는 시스템을 만드는 것이기 때문에 누구든 배움의 필요를 느낄 때 배울 수 있도록 하는 것이라고 볼 수 있다.

몸도 마음도 지친 날, 방문한 학교는 '비타니에민 학교(VIITANIEMEN KOULU)'로 1학년부터 9학년까지 다니는 종합학교였다. 학교가 끝나고 평생교육과정을 위한 장소를 제공하고 있다. 핀란드에서는 성인교육이 주로 대학교나 종합학교, 직업학교 건물을 이용해서

• 소일라(Soila Lemmetty): 위베스퀼레대학교 교육리더십연구소 연구원.

운영되고 있다고 한다.

"반갑습니다. 어서 오세요."

유창한 한국말로 우리를 맞이한 선생님은 분명 한국인 교사일 것이라는 예상과는 달리 핀란드 선생님이었다. 핀란드 선생님이 아주 유창하게 한국어를 하시는 것이 엄청 의외였다. 지친 마음이 싹 가시는 것 같았다.

한국어를 배우는 분들은 20명 정도로 연령은 다양했다. 모두 인터뷰를 하지는 못했으나 대략 10대 후반부터 40대 초반 정도였다.

우리는 각자 자신을 한국어로 소개했다. 핀란드에 와서 자신을 영어로 소개해보기만 했지 핀란드 사람들에게 우리말로 소개한다는 것은 또 색다른 느낌이었다.

수업은 그동안 배운 단어들을 복습하고 난 후, 숫자 1~10까지를 한국어로 배우고 익히는 과정이었다. 1=일, 2=이,… 10=십…

이렇게 배우고 나서 주사위로 짝과 함께 나온 숫자를 한국어로 말해보는 연습을 했다.

한국의 문화를 배우는 시간이다. 추석에 주로 지내는 풍습들을 비디오와 사진으로 보면서 선생님이 설명했다. 사람들은 궁금한 것과 자신의 느낌을 이야기했다.

사람들은 열심히 수업에 참여했고, 모르는 단어가 나오면 핀란드어로 발음하는 것을 써달라고 요청하기도 했다. 서툰 발음이지만 서로 말해보면서 맞는지 들어보기도 했다.

옆에 앉은 핀란드 대학생은 공책에 한글을 참 잘 썼다. 나에게 맞는지 물어보고 열심히 배웠다. 초등학교에서 1학년 학생들이 한글을 알아갈 때, 봉사활동에서 어르신이 한글을 익혀갈 때 옆에서 보았던 느낌이다. 스스로 한글을 배우고자 하는 의지가 있는 분들을 만난 것이 기쁨이다. 한국의 문화를 배우고 싶어하는 그분들께 도움을 줄 수 있어서 다행이다. 그리고 무엇보다 핀란드에서 만나는 추석, 송편, 한글이 더 반갑고 새롭다. 많은 사람들이 선망하는 북유럽, 핀란드에서 '한국(KOREA)'을 좋아하고 그 말을 배우고 싶어서 일이 끝난 후에도 모인 사람들을 만난 것은 마음이 뜨거운 일이다. 더구나 '추석' 전날에!

옆에 앉은 대학생에게 살짝 왜 한글을 배우냐고 물었다. 수줍어하며 돌아온 답은, 언젠가는 한국에 가고 싶어서 한글과 말을 배운다고 했다. 수업 중이어서 더 이상 많은 이야기를 나누지 못했지만 수업 중 사람들의 말 속에 한국에 대한 관심이 많았다. 한국에 가 본 경험을 이야기하는 사람도 있었다. 소개할 때 '제주'에 대해 이야기했더니 고개를 끄덕이는 사람, '아. 제주!' 하며 아는 것 같은 사람도 있었다. 반가운 일이다.

핀란드에서 만난 '추석!'

돌아오는 길은 그리 춥지는 않았다. 마음속의 그리움이 조금은 채워졌나 보다. 명절을 맞아 제주를 그리워하는 마음을 배려해주신 미카 교수님과 소일라가 엄청 고마운 날이다.

핀란드의
국경일

알렉시스 키비의 날
(Aleksis Kivi's Day)

핀란드 고등학교 졸업 기념 모자를 쓰고 출근한 선생님.

10월 10일, 오늘은 핀란드의 국경일이다.

오늘 아침에 숙소에서 나오는데 뭔가 분위기가 예전과 달랐다. 여러 곳에 핀란드 국기가 게양되어 있고, 광장에는 평소 아침 출근 시간에는 꺼져 있던 전광판에 학교 관련 내용들이 아침부터 상영되고 있었다.

광장에서 미카 교수님을 만나 방문하기로 예정되었던 '후타스오 종합학교(Huhtasuo Comprehensive school)'로 향했다. 학교에 도착하고 교장 선생님을 만나고 나서야 오늘에 대한 이야기를 들을 수 있었다. 오늘은 특별한 날이고, '알렉시스 키비의 날(Aleksis Kivi's Day)'이라고 하셨다.

핀란드 문학의 날이고 중요한 기념일이라는 정도만 교장 선생님께 들었는데 나중에 알아보니 알렉시스 키비는 19세기 초 핀란드의 작가였다. 핀란드 문학의 아버지로 불린다. 핀란드에서는 핀란드의 문학이 핀란드 민족국가 탄생과 발전을 위한 기반이라고 생각하며 이날을 중요한 기념일로 여긴다는 것을 알게 되었다. 아마 우리나라에서 한글 창제를 문화국가의 기반으로 생각하는 것과 비슷한 것 같았다.

이 학교는 종합학교로 1학년부터 9학년까지 800여 명이 다니는 학교였다. 교장 선생님께서는 특별한 날에 대한 설명을 해주시면서 교사들은 오늘 하루 모두 핀란드의 전통 복장을 하고 학생들과 지내며 학생들은 12시쯤 강당에 모여서 작은 음악회를 한다고 했다.

교장 선생님의 학교 안내와 몇 가지 질의응답을 마치고 나니 11시가 넘었다. 복도로 나갔더니 점심시간에 아이들과 함께 식당으로 가는 선생님들을 만날 수 있었다. 모두 다른 복장으로 옛날 핀란드 전통 의상을 입고 오셨다. 별도 선생님들 모임이나 이벤트가 있는 것은 아니고 전통 의상을 입고 일상생활을 한다고 하셨다.

교실에서 초등학교 1학년 학생들은 핀란드 글자를 다시 써보는 수업을 하기도 했고, 위베스퀼레의 다람쥐를 그림으로 그려보는 활동을 하는 학급도 있었다. 특수학교가 함께 있는 학교인데 특수학교 교실에서는 선생님, 보조교사 선생님들과 10명 정도의 학생들이 핀란드의 전통 놀이를 함께 하기도 했다.

강당에서 학생들과 함께 작은 음악회에 참가했다. 음악 선생님의 피아노 반주에 맞춰 핀란드의 민속 음악을 함께 부르는 장면, 전교 학생들이 모였는데도 음악 선생님은 연주 이외에는 마이크를 사용하지 않는다. 객석에 있는 선생님들은 중간중간 '쉿' 하고 한마디씩 하실 뿐 큰 소리도 없고, 자연스럽게 바닥에 앉은 학생들과 마을 어른들이 몇 분 함께 참석하셨다.

이어서 선생님 몇 분의 연주, 드럼과 기타 연주와 학생들의 노래가 이어졌다. 핀란드 자연의 모습과 노래 가사가 큰 화면 영상으로 함께 상영되었다. 분위기는 서정적이었고 함께 노래 부르는 모습은 엄숙하기도 하다.

옆에 앉은 이 학교 선생님은 집중해서 노래 부르며 작은 율동도 따라 하고 나에게도 잠시 설명을 해주셨다. 핀란드 민속음악을 함께 부르는 시간이라는 것, 우리는 핀란드를 사랑한다고 낮은 소리로 말해주셨다.

강당에서 나와 다시 우리가 있었던 교사 미팅룸으로 향하는 사이 복도 게시판에는 선생님들의 어릴 적 사진과 지금 사진을 연결해서 누구의 사진인지 알아맞히는 코너가 전시되어 있었다. 학생들의 호기심이 집중되어 있는 코너이기도 했다.

핀란드의 국경일, 우리나라의 한글날처럼 그 나라의 문화를 만드는 데 언어와 글자는 무엇보다도 중요하다는 것을 다시 되새기는 날! 선생님은 전통의상을 입고 아이들과 지내고, 마을 어른이 함께한 작은 음악회는 조용하고 진지하게 핀란드의 민속 음악으로 채워졌다. 돌아오는 길에 들으니 위베스퀼레 광장에서는 오늘 여러 학교에서 함께 모여 노래를 부르는 행사를 했다고 한다.

핀란드의 역사를 다시 느끼는 날, 전통 문화를 교사들이 먼저 보여주고 함께 나누는 모습이 인상적이다. 무엇보다 노래 부르고 율동하는 모습조차도 진지한 모습에서 이 사람들에게 국가와 전통은 남다르다는 것을 느끼게 된다. 아마도 올해가 러시아로부터 독립한 지 100년이 되는 해여서 더 사람들의 느낌이 다를 수도 있을 것이다.

어쩌면 지난 시간 조상들이 얼마나 어렵게 살아왔는지를 알고 있는 세대들은 국경일을 맞는 마음이 더 진지할 수 있을 것이다. 그들의 진지한 핀란드 사랑이 새롭고 다르게 다가온 날이었다.

핀란드의
역사를
다시
느끼는 날
전통 문화를
교사들이
먼저
보여주고
함께
나누는
모습이
인상적이다

선생님의 옛날 모습과 현재 모습 찾기

강당의 작은 음악회- 전통음악과 함께

교사는
신뢰할 수 있는
전문가

교사 교육제도
(Teacher education system)

교육문화부의 핀란드 교육 홍보 자료에 나와 있는 '교사는 신뢰할 수 있는 전문가'라는 표현은 핀란드에서 교사의 권위에 얼마나 신뢰를 보내고 있는지 알 수 있게 해준다.

OECD 국가 중에서도 교사가 누리는 자율적 권한이 높은 것으로 나타나고 있는 핀란드는 자국의 교육을 소개할 때 교사를 아주 중요하게 여긴다. 사회의 신뢰와 전문성을 바탕으로 한 핀란드 선생님들에 대해 공부하는 과정은 흥미로웠다.

오늘은 핀란드의 교사교육과정에 대해 강의를 들었다. 일단, 핀란드에서는 종합대학의 교사교육학부에서 교사교육을 담당하지만 일반 단과대학에서 과목별 강의를 듣는 형태이다. 우리나라의 교대와 사대가 있는 것과는 다른 형태이다. 입학 자격시험 점수와 면접, 토론 등을 거쳐 높은 경쟁률을 뚫고 입학하여 학사과정과 석사과정을 포함하여 5년 동안 공부한다. 별도의 교사 자격증이나 임용시험 없이 석사과정을 취득하면 교사 자격을 가진 것으로 여긴다.

교사교육학부에서 이수해야 하는 과정(Pedagogical studies)은 특화하여 교육에 대한 철학적, 사회적, 역사적 맥락과 실제 교수 학습 과정에서 만나는 학생들에 대한 이해를 체험적으로 공부하게 된다. 이수 학점 중에는 '연구' 관련 내용이 있어 교사가 연구자의 관점으로 교직 생활을 할 수 있도록 한다. 연구세미나 및 논문 작성, 현장연구 등을 포함하여 공부한다. 이론과 실제를 통합한다는 점이 특별하게 다가온다.

예비교사들은 5년 동안 계속해서 대학교 부설 실습학교(Teacher training school)에서 실습과정을 거친다. 총 9개월에 가까운 시간이다. 상당히 오랜 시간을 구체적인 학교 현장에서 학생들을 만나고 교수 학습에 대한 경험을 통해 학생에서 교사로 성장해가는 시간을 갖는 것이다.

위베스퀼레대학교의 경우 1학년 때는 2주 정도 이론 위주의 교육실습을, 2학년 때는 2~3주가량의 실제 수업 진행을 통한 실습기회를 갖는다. 대학원과정 마지막 1년(5학년)에는 수시로 실습을 진행하면서 최소 50시간의 수업 경력을 쌓는다.

오후에는 위베스퀼레대학교 부설 실습학교(Teacher training school)인 노르시(Norssi) 학교에 다녀왔다. 우리나라의 교육대학(사범대학) 부설 초·중학교와 같은 역할을 하는 학교이다. 노르시 학교는 종합학교와 일반 고등학교까지 있는 학교로 총 1,025명의 학생이 다니고 있다.

핀란드의 총 11개 교사실습학교 중 하나이며 150년 정도의 전통을 가지고 있는 학교이다. 위베스퀼레대학교가 교사교육을 시작한 이래 교사실습학교로 운영되고 있다. 교사실습학교이지만 학생과 학부모의 선호도가 높은 학교로서 교육실습학교 평가에서도 2010년부터 2017년까지 연속 'Excellent' 등급을 받았다.•

핀란드 전체에서 1년 약 3,000명 정도가 최종적으로 교육실습을 마치는데 그중 약 400명이 노르시 학교에서 실습을 하고 있다. 그만큼 교육실습학교로서의 전통과 명망이 있음을 알 수 있었다.

노르시 학교에서는 중등 8학년 영어수업 실습수업과 독일어 실습수업을 참관하고 예비교사 선생님 수업 후 참관하신 선생님(Trainer 혹은 Supervisor라고 부른다고 한다.)의 피드백 과정에 참여하였다.

두 수업의 예비교사 선생님, 그 학교 수업선생님, 학생들 모두 우리의 참관에 흔쾌히 동의하고 수업뿐만 아니라 수업 후의 피드백도 자연스럽게 진행하였다. 외국의 여러 교육관계자들이 일상적으로 방문하는 결과인 듯했다.

수업 전에 예비교사는 학교 수업선생님에게 수업계획안을 보낸다. 수업을 참관하고 나서 이루어지는 두 선생님 간의 피드백은 주로 대화로 이루어진다. 전혀 형식이 없이 자연스럽게 수업계획안을 보고 수업자의 의도를 묻기도 하고, 궁금한 내용을 질문하고 소감을 나눈다. 예비교사는 알게 된 내용이나 수업 중 자신의 행

• 제주특별자치도교육청, 2017 교육전문직 핀란드파견연수보고서, 2017.

동에 대한 의도를 설명하면서 피드백 시간을 가졌다. 꽤 오랜 시간(1시간 정도)의 대화는 진지했고 토론이 이어지기도 했다.

수업과 피드백 참관을 통해 느낀 점은 어떤 것보다도 수업에 대한 소감을 대화로 나누는 것을 아주 중요하게 여긴다는 것이다. 그 대화를 통해 배우고 성장한다고 했다. 어디서든 학습의 과정에 '대화'를 통한 상호 작용을 중요하게 여기고 있음을 다시 느낀다.

수업을 참관하고, 피드백에도 참여하고 나서 노르시 학교의 교감 선생님과 이야기를 나누었다. 교감 선생님은 교사실습과정 코디네이터를 함께 담당하고 있다고 했다. 학교 선생님들은 교사의 수업시수에 예비교사 실습시간이 포함되어 있으며 실습학교에 근무하는 것을 대단히 자랑스러워한다고 했다.

특별히 실습학교에 근무하면 좋은 점이 있느냐는 질문에는 교원노동조합(OAJ)과의 협약에 의해 실습학교 교원들은 다른 교원들보다 보수를 조금 더(1.1배) 받는다고 한다. 그것보다 중요한 것은 젊은 예비교사의 수업을 함께 참관하고 연구하면서 학교 수업교사가 오히려 더 많이 배우고 성장한다고 말씀하신다. 한 교사가 1년에 4~5명의 예비교사 실습을 담당하고 있으며 연구과정에 함께 참여하기도 한다.

예비교사는 교사가 되기 전에 오랜 실습 과정을 통해 학생과의 관계를 배우고 교수·학습에 대한 전문성과 교사로서의 정체성을 형성하게 된다.

노르시 학교를 방문하면서 대학의 교수, 실습학교 교사, 예비교사의 연결이 상당히 자연스럽고 유대감이 깊다고 느껴졌다. 위베

대학 교수
실습학교 교사
예비교사의 자연스럽고
깊은 유대감이
핀란드의 교사를
교육 전문가로 탄생시킨다

스퀼레대학교 교육심리학부 미카교수님, 실습학교 노르시학교의 교감선생님이 굉장히 친밀하셨고, 노르시 실습학교의 역사와 운영에 대해서도 미카 교수님이 설명할 정도로 잘 알고 계셨다. 평소 대학교의 교육내용과 학생들의 연구, 교육실습이 원활하게 유기적으로 연결되고 있을 것으로 예상되었다.

교육학자인 파시 살베리(Pasi Sahlberg)[**]는 핀란드 교육의 성공 요인을 '철저한 교사교육'[*]으로 들 만큼 교사교육은 체계적이고 실제적으로 느껴진다.

교사교육과정 5년 동안 교사로서의 정체성을 형성하고 전공 분야의 학문적 깊이를 더한다. 오랜 실습 기간의 실제적 경험을 기반으로 교사가 되는 과정을 통해 사회가 신뢰하는 전문가로 탄생하는 것을 알 수 있었다.

교사의 전문성은 교사교육과정을 통해 체계적으로 구축되고 학교의 일상적 교사 학습공동체에서 성장된다. 학생 한 명 한 명의 성공을 지원하기 위해 자율적 권한과 책임을 다하는 핀란드 선생님들이 핀란드교육의 중요한 동력임을 다시 한 번 알게 되는 날이었다.

[**] 파시 살베리(Pasi Sahlberg): 핀란드 출신의 교육학자, OECD 정책분석가, 하버드대학교 교육대학원 객원교수, 헬싱키대학교와 오울루대학교의 겸임교수, 2012년 핀란드 교육상, 2013년 미국 그라베마이어상, 2014년 스코트랜드 로봇오웬상 수상.

[*] 파시 살베리(Pasi Sahlberg) 지음, 《핀란드의 끝없는 도전》, 이은진 옮김, 푸른숲, 2016.

가방이
돌아왔다

지속 가능한
행복을 위하여

우리 숙소 옆에 있는 마트에 가면 재활용 가능한 플라스틱 통이
나, 캔을 다시 회수하는 기계가 있다. 플라스틱 통이나 캔에 있는
물건을 사용하고 나서 다시 재활용 기계에 넣기만 하면 병이나 통
에 표시된 금액만큼 영수증이 자동 계산되어 나온다. 영수증을 마
트 계산대에 가지고 가면 금액만큼 현금으로 돌려준다.

처음에는 버릴 수 있는 물건을 모아두었다가 시장 볼 때 가지고
가서 기계에 넣기만 하면 돈을 1~2유로씩 돌려받는다는 재미에
시작했는데 시간이 지나면서 재활용품 돌려주기가 핀란드의 중요
한 문화라는 것을 알게 되었다.

이후에 위베스퀼레시가 운영하는 청소년센터(Youth center)를 방
문했는데 볼펜에 새겨진 글씨를 보는 순간, '재활용'은 이 사람들
의 생활 속에 깊이 있다는 것을 실감할 수 있었다.

'병으로 만들었다. (Made from bottle)'

위베스퀼레시의 로고가 새겨진 볼펜에 번듯하게 적혀있는 내용은 병을 재활용하여 만든 볼펜이라는 것이다. 주요 방문객들에게 주는 볼펜에 새겨진 글씨를 보면서 마트에 재활용품을 들고 가서 기계 앞에 서 있던 어린아이들 모습이 떠올랐다. 아이들도 두 손 가득 가방에 빈 병과 플라스틱 병을 담고 와서 재활용 기계에 넣고 돈을 받고 가는 것이 익숙하게 보였었다.

며칠 뒤에 평생교육센터(Adult Education Center)를 방문했을 때, 교장 선생님께서는 헤어지면서 플라스틱 가방(여기서는 비닐백을 이렇게 부른다.)을 쓰지 말고 이것을 쓰라면서 천가방을 건네주셨다.

가방에 쓰인 글을 보고 다시 한번 핀란드의 재활용 문화를 느꼈다.

'가방이 돌아왔다. (TAMA KASSI KESTAA)'

교장 선생님의 설명에 따르면 재활용품을 이용하여 다시 가방을 만들어서 방문객들에게 기념품으로 주고 있다는 것이다.

교장 선생님의 안내를 받아 방문한 평생교육과정 중 하나는 성인들을 대상으로 핀란드의 전통 직조 과정 그대로 카펫이나 천을 만드는 과정이었다. 과정에 참가하고 있는 할머니(70대 중반)의 작품을 보니 집에서 헌 옷을 아주 얇게 잘라서(폭 1cm 정도) 실처럼 실패에 감아 카펫을 짜고 있었다.

다 입고 난 헌 옷을 잘라 다시 카펫을 짜고 있는 할머니. 놀라워하고 있는 내게 교장 선생님은 말씀하셨다.

"우리는 지속 가능한 사회를 원해요."

지속 가능한 사회
누구나 알고 있지만
생활에서 실천하기는
쉽지 않은 일을
위베스퀼레 사람들은
실천하고 있었다

in Finland _____

누구나 원하고 알고 있지만 생활에서 실천하기는 쉽지 않은 일, 핀란드 위베스퀼레 사람들은 생활에서 일상적으로 실천하고 있는 일이었다.

오늘 퇴근길에도 우리 숙소 옆 마트 계산대에는 사람들이 물건을 사고 계산하기 위해 줄을 서 있었다. 그들 중 대부분은 천으로 만든 가방을 꺼내서 계산이 다 된 물건을 담는다.

우리도 이제 익숙해져가는 일, '시장 바구니' 사용하기, 비닐 줄이기. 생각했던 것보다 더 많이 일상적인 실천이 이루어지고 있는 위베스퀼레에서 다시 생각했다.

'지속 가능한 행복'을 위해서 더 많은 실천이 필요하다는 것을!

1. 마트의 재활용 수거 기계
2. 가방 앞과 뒤
3. 위베스퀼레 청소년 센터 기념품 볼펜-'Made from bottle'
4. 재활용 옷감을 실로 만들어 카펫을 만드는 과정

음악을
사랑하는
사람들

오케스트라 공연과
예술교육

위베스퀼레 심포니 오케스트라 공연에 다녀왔다.

며칠 전에 일정이 끝나고 다음 일정까지 시간이 좀 남아서 공원 옆에 있는 위베스퀼레 뮤지엄^(예술극장)에 들어가서 혹시 볼 수 있는 공연이 있는지 알아보았다.

심포니 오케스트라 공연이 예정되어 있는데 저녁 6시 공연이 이미 예약 완료 매진 상황이었다. 550석 좌석이 이미 매진이라니. 그것도 2주 전에! 이 도시는 너무 조용하고 돌아다니는 사람도 별로 없다고 생각하고 있었는데 550석이 이미 매진이라는 사실이 조금 놀라웠다.

그날 오후에 위베스퀼레 시청 문화 서비스 관련 담당자와 인터뷰할 기회가 있었는데 오늘 저녁 공연은 이미 매진되었으나 다른 시간대의 공연은 자리가 있을 거라고 했다. 교육리더십연구소의 소일라(Soila)가 일정 조정을 해줘서 낮 공연에 참석이 가능했다.

공연을 보면서 핀란드 사람들은 음악을 참 사랑하는 것 같다는 생각을 하게 되었다. 심포니 오케스트라의 공연은 훌륭했고 몇 곡의 연주를 하는 동안 1시간 정도의 시간이 걸렸다.

공연을 하는 단원들은 연령대가 다양했다. 지휘자는 은백(銀白)의 신사였고, 여러 악기를 담당한 연주자들은 남녀가 섞여 있는데 30대에서 60대까지 다양해 보였다. 더구나 특별한 복장을 맞춰 입은 것이 아니라, 평소보다 좀 단정하게 입은 듯한 의상이 서로 다양하게 섞여 있는 모습도 인상적이었다. 공연이 끝나자 참석한 관람객들이 기립박수로 찬사를 보냈다.

관람객 중에 많은 분들이 노인들이었다. 나이가 아주 많은 분들이 옆 좌석에 앉았는데 공연 내내 열심히 들으시더니, 나중에 옆에 앉은 나에게도 핀란드어로 칭찬의 말씀을 소감으로 건네셨다. 정확한 의미는 모르겠으나 그분의 흐뭇한 표정이 만족스런 표현인 듯했다.

나이가 많으신 어르신들이 오케스트라에 이렇게 많이 오신 것도 인상적이다. 더구나 우리가 간 시간은 12시 시작 공연이었는데 학교에서 6학년 아이들이 함께 관람하러 왔었다. 시청의 문화 서비스 담당자에 따르면 1학년부터 9학년까지 종합학교 교육과정 속에 예술 관련 내용이 포함되어 있고, 문화공연에 참여할 수 있도록 시청에서 지원하고 있다고 한다.

예술가들이 학교에 직접 가서 공연이나 함께하는 활동을 하고, 미술관이나 음악회 등 공연장에 단체로 참석하기도 한다고 들었는데 오늘 보니 6학년 학생들이 음악회에 20명 정도 참석한 것을 볼 수 있었다.

음악 사랑을 느낄 수 있는 또 하나의 사실은 핀란드에서 방문한 학교마다 볼 수 있는 훌륭한 음악실이다. 종합학교 또는 고등학교에도 방음시설이 잘 되어 있고, 각종 악기들도 전문 음악인들이 다룰 만한 수준으로 구비되어 있다. 쉴트 고등학교에서는 학생들이 수업이 끝나고 밴드 연습하는 것을 본 적이 있는데 학생들끼리 서로 노래도 부르고 악기도 연주하면서 신나게 연습을 하고 있었다. 그것뿐인가, 학교 음악회를 연습하는 고등학생들은 학교 계단에 모두 함께 서서 로비의 피아노를 연주하는 선생님 반주에 맞춰 합창 연습을 하기도 했다. 전혀 특별하지 않은 듯 우리가 방문해도 자연스럽게 연습하고 노래 부르는 장면이 인상적이었다.

시청에서 운영하는 청소년 센터(Youth center)에 갔을 때도 마찬가지였다. 음악실은 별도로 마련되고 악기도 전문적으로 구비되어 있을 뿐 아니라 우리가 기념품으로 받은 CD에는 그곳에 오는 청소년들이 직접 만든 음악이 들어있었다.

더욱 새로웠던 경험은 시립도서관에 갔을 때였다. 3층까지 도서관이 있는데 도서관의 3층은 뮤직 라이브러리(음악 도서관)이다. 각종 CD와 음악 관련 서적, 오래된 LP판도 전시되어 있고 라벨이 붙어 있어서 대출이 가능하다. 더구나, 3층 도서관 안쪽에는 방음이 잘 되어 있는 연주실이 있다. 누구나 예약만 하면 거기서 악기를 연주하거나 음악을 작곡할 수 있다.

우리가 갔을 때에도 한 사람이 바이올린 연습을 하고 있는 장면을 유리창 너머로 볼 수 있었다. 도서관 한쪽에는 혼자 이어폰을 착용하고 도서관에서 빌린 음악 CD를 감상하면서 창 밖을 보며 앉아 있을 수 있는 의자도 여러 개 놓여 있다.

학교교육을 통해 시민들은 도서관에서 또는 가정에서 음악과 함께했다. 우리 제주에 비하면 많은 인구도 아닌데 550석 좌석의 예매가 2주일 전에 끝나고 낮 공연도 이렇게 많은 어르신들과 학생들이 함께하는 문화가 일상화된 도시! 음악이 사람들의 삶 속에 함께 있는 것을 절실히 느낄 수 있었다.

영하로 내려가는 요즘 날씨, 오늘 공연이 시작되기 전 로비에서 만난 시청 문화 서비스 담당 마르요(Marjo)는 훨씬 추워졌다는 내 인사말에 웃으며 아직 추위는 오지도 않았다고 답해서 또 함께 웃었다.

긴 겨울, 영하의 날씨를 견디는 사람들의 삶에 음악은 따뜻함과 서로의 온기를 전하는 하나의 도구였지 않았을까. 음악을 듣는 내내 생각해 보았다. 그 기본 소양이 이미 학교에서부터 만들어지고 있다는 생각이 들었다. 관람석에서 조용히 음악에 빠져있는 6학년 아이들을 보며 음악을 사랑하는 핀란드 사람들의 삶과 교육을 다시 생각하게 하는 날이었다.

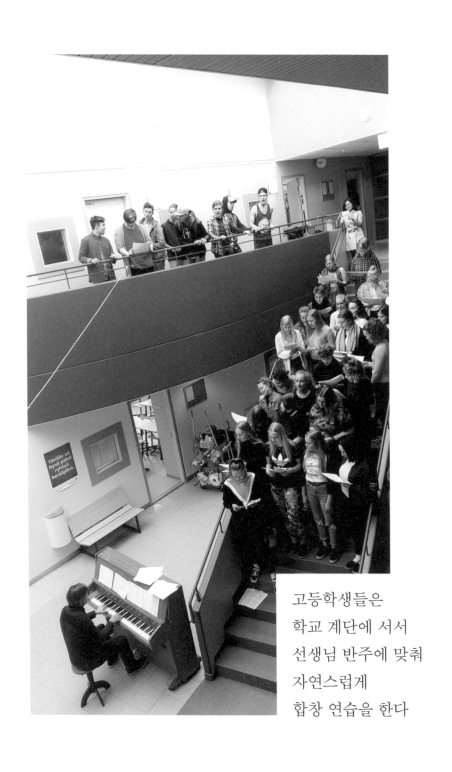

고등학생들은
학교 계단에 서서
선생님 반주에 맞춰
자연스럽게
합창 연습을 한다

핀란드의 음악 사랑은
남녀노소를 가리지 않고

학교와 도시 곳곳에서
음악이 함께했다

TO 존경하는 미카* 교수님께

DATE. 2017-11-01

나의 선생님, 미카!

지난 10주 동안, 당신의 도움과 지원으로 일정을 모두 마쳤습니다.

그리고 내일, 우리는 제주로 돌아갑니다.

진심으로 감사의 인사를 드립니다.

우리가 처음 만났던 날을 기억합니다.

우리는 많은 학교와 기관을 방문하고

또 많은 사람들을 만났습니다.

교장 선생님과 선생님들은 친절하고 행복하게 우리를 맞이했고,

우리의 모든 질문에 진심으로 대답했습니다.

'신뢰'와 '자율' 그리고 '책임'은

단지, 교육에만 있는 것이 아니고 그들의 삶의 방식이며

살아가는 모든 것 속에 있음을 알게 되었습니다.

나는 아직 핀란드에 대해 아주 많이 알지는 못합니다.

그러나, 지난 시간은 저에게 매우 유용하고

의미 있는 시간이었습니다.

무엇보다 당신을 만나게 된 것은 저에게 영광이었고,

행운이었습니다.

앞으로 핀란드 교육에 대해 어떤 질문에도 대답을 해줄 수 있는

• Mikael Risku: 핀란드 위베스퀼레대학교 교수(교육리더십연구소 소장)

선생님이 있다는 것은 아주 행복한 일입니다.

핀란드와 한국, 제주는 서로 매우 다릅니다.

역사, 문화, 언어.

그러나 우리는 매우 닮은 점과 연결점을 가지고 있습니다.

그것은 더 나은 교육을 원하고 함께

그것을 위해 일하고 있다는 것입니다.

처음 강의 시간에 당신이 말씀하셨던,

결국 '누가', '어떻게' 하느냐의 문제라고 하셨던 말은 이제,

나에게 주어진 과제입니다.

더 좋은 제주의 교육을 위한 우리의 노력에

언제나 당신을 기억할 것입니다.

그리고 제주에 대해 자주 소식을 전하겠습니다.

안녕, 미카!

안녕, 핀란드!

언제나 당신의 행복과 건강을 기원합니다.

존경을 전하며

고 의 숙

SEND | ▼

TO **Mika**

DATE. 2017-11-01

Dear Mika

My teacher, Mika!During the past 10 weeks,

I have completed my schedule with your help and

support.

Tomorrow we return to Jeju.I sincerely thank you.

I remember the day we first met.During the past hour,

I visited many schools and institutions and

met many people.

The principals and teachers welcomed us kindly and

happily and answered all our questions earnestly.

I knew that 'trust', 'autonomy' and 'responsibility' are

not only in school, but in the life they live in.

I do not know much about Finland yet,

but the last time was a very useful and

important time for me.

And, above all, it was my honor and fortune to meet you.

I am very happy to meet a teacher who can answer

the finnish education in the future.

Finland, Korea, and Jeju are very different from each other. History, culture, language.

But we have similarities and connections.

We are hoping for a better education and working together.

In your first lecture,In the end, 'Who' and 'How'?

It is the homework given to me now.

I will remember you forever in our efforts for better education in Jeju.

And I will often tell you about Jeju.

Say goodbye. Mika !!

Say goodbye. Finland!!

I hope your health and happiness all the time.

Best Regards,

SEND | ▼

3

우리는
서로에게
배울 것이 많아요

# #
다시
제주
에서

핀란드 교육전문가의 시각으로 본 제주 교육
우리는 서로에게 배울 것이 많아요
이렇게 멋진 곳에서 일하는 당신

핀란드 교육전문가의
시각으로 본
제주 교육

2017년
12월 2일

2017 제주교육
국제심포지엄

[출처: 제주교육 국제심포지엄 홈페이지(www. 2017jise.co.kr)]

「2017 제주교육 국제심포지엄」이 '평가혁신으로 미래를 새롭게'라는 주제로 열렸다. 이 심포지엄의 세 번째 세션은 '핀란드 교육전문가의 시각으로 본 제주교육'이라는 주제를 가지고 토크쇼 형식으로 진행되었다.

이 세션의 진행을 담당하게 되었다. 앤 선생님이 40일간의 공동연구 결과를 '핀란드 교육자의 시각으로 본 제주교육'이라는 주제로 발표하였다. 초등학교, 고등학교 선생님 두 분과 핀란드 파견연수를 함께 다녀온 장학사님 한 분까지 세 명의 패널이 참여한 토론을 진행하는 것이 나의 역할이었다.

앤 선생님의 발표에 대해 패널들이 질문하고 대답하는 형식이었다. 발표는 40일간 제주 교육을 경험한 내용을 핀란드 교육자의 시각으로 꼼꼼하게 기록하여, 새롭게 다가왔던 점, 소감 등을 진솔하게 정리한 내용이었다.

비교하지 않는 평가를 실제 수업으로 학생들과 함께했던 애월고등학교 미술수업, 초등학교, 중학교, 고등학교 방문과 선생님들과의 토론, 워크숍, 학부모 연수, 제주의 교육역사를 알아보기 위해 함께 방문했던 교육박물관, 혼자 다녀왔던 시장의 모습을 포함한 제주의 문화에 대해서도 솔직한 소감이 발표되었다.

앤 선생님의 발표를 듣고 토론을 진행하면서 핀란드와 제주교육의 여러 분야에 대해 이야기 나누기 위해 1시간은 역시 부족하다는 것을 느꼈다. 토론자로 참여한 선생님들의 질문은 다양했다. 핀란드의 미술교육, 과정중심 평가, 교육과정에 대한 질문이 이어졌다.

심포지엄에 참여한 선생님들은 어떻게 이 시간을 느꼈을까? 실질적인 제주교육의 상황 속에서 핀란드교육을 바라보고, 핀란드교육자의 시각을 통해 제주교육을 다시 보는 느낌은 어땠을까? 심포지엄을 마치고 앤 선생님과 헤어져 돌아오면서 곰곰이 생각해 보았다.

2016년 처음으로 제주교육 국제심포지엄을 기획하고 진행하고 난 후 들었던, '그것은 핀란드니까!', '우리와 다른데….'라는 말이 아니라 서로의 다름 속에서 배울 것은 무엇인가? 자기 평가를 기반으로 학습의 과정 중에 일어나는 지속적인 평가는 어떻게 학생의 성장을 지원할 수 있을까? 하는 구체적인 질문과 답을 얻을 수 있었을까? 우리 교육의 모습을 또 다른 시각으로 바라보는 기회가 될 수 있었을까?

앤 선생님과의 공동연구, 서로 배울 수 있는 좋은 기회라고 시작했던 일들이 오늘 심포지엄 발표와 토론으로 다시 한번 마무리된다. 구체적으로 경험하고 서로 배우고자 했던 노력과 시간들은 앞으로 더 많은 협력의 기회를 만들 것이라고 생각된다.

실제, 앤 선생님은 발표문을 통해 이상적인 미술교육을 위해 자신의 경험을 바탕으로 다음과 같이 제안*하였다.

• 제주특별자치도교육청, 2017 제주교육 국제심포지엄 자료집, '핀란드 교육자의 시각으로 본 제주교육', 2017.

향후 양국 협력을 위한 아이디어와 기회

이상적인 미술 교수법을 만들기 위해서
- 양국의 가장 우수한 교수법을 선택
- 핀란드 미술교육에서 우수한 점
  - 학생들의 이미지 제작 기술을 개발하기 위해 다양한 테크닉, 재료, 자기 표현 수단을 사용
  - 학습과정, 지속적인 평가, 자기평가, 교사-학생 간 배움 대화, 작품집 제작
  - 프로젝트 학습, 학생 중심의 지도
- 한국 교육에서 우수한 점
  - 다양한 테크닉의 체계적인 학습
  - 학생들의 책임감; 학생들 스스로 자신의 도구 관리
- 협력을 위한 방법
  - 교사 교환 프로그램, 학생 교환 프로그램, 인터넷을 통한 공동지도, 공동의 디지털 학습 환경 조성, 온라인 강좌 개설 등

Development ideas and opportunities for future cooperation

To create an ideal art education method:
- to pick up the best methods in both countries
- from Finnish art education
  - the use of different techniques, materials and means of self-expression to develop the student's skills in

making images

- the idea of a learning process, continuous assessment, self-assessment, learning converations and making a portfolio
- project learning and student-centered teaching

• from south korea

- the systematic learning of different techniques
- taking responsibility: students take care of their own tools
- How; teacher exchange program, student exchange program, teaching together via the internet, a common digital learning environment and online courses.

앤 선생님이 '비교하지 않는다.'라는 말을 강조했던 것은 돌아보면, 학생 평가에만 국한된 것이 아니라 그들 삶의 철학이라는 생각이 든다. 다른 사람을 존중하고 그 위에서 배울 것을 찾는 태도로 귀결되는 것이 아닐까? 그래서 앤 선생님은 공동연구 제안에도 '서로 배울 수 있는 좋은 기회'라고 적극적으로 참여하고 앞으로 더 협력할 방안을 제안하기도 하는 것이다.

앤 선생님이 핀란드 교육자의 시각에서 바라보았던 제주 교육, 내가 그전에 알지 못했던 보물을 많이 얻은 듯하다. 무엇보다 실제적이고 구체적인 경험 속에서 핀란드에 대한 동경보다도 우리의 장점과 가능성을 다시 한번 성찰하는 좋은 기회였다는 생각이 내내 들었다.

핀란드 교육자의
시각에서 바라본
제주 교육
이전에 알지 못했던
보물을
얻은 듯하다

우리는
서로에게
배울 것이 많아요

핀란드 직업교육 방문단
제주 방문

[출처: 제주특별자치도교육청]

앤 선생님에게 메일이 왔다. 반타시(Vantaa City)의 바리아 직업학교 (Varia Vocational Scool) 교감 선생님으로 역할이 바뀐 앤 선생님은 반타 시의 교육서비스 관련 일을 담당하고 있다고 근황을 알려주었다.

자신의 업무와 역할을 소개하면서 핀란드 직업학교 방문단이 제주를 방문하도록 연결하고 싶다는 것이다. 제주도의 직업교육 관련 시설이나 학교 등을 방문하고 앞으로 교류 협력의 기회로 만 들고 싶다는 취지였다.

우리는 제주특별자치도교육청과 좋은 협력 관계를 구축하고 학생들이 새로운 기술을 배우기 위한 새로운 학습 방법을 계획 하고 싶습니다. 우리는 서로에게서 배울 것이 많습니다!

We really would like to built good cooperation with Jeju POE and plan new learning methods for our students to learn new skills. We have so much to learn from each other!

※ 앤 라사카 메일 일부 발췌

SEND ▼

'우리는 서로에게 배울 것이 많습니다.'

서로에게 배울 것이 많다고 다른 직업학교 관계자들을 동행하여 제주를 방문하고 싶다는 메일을 한참 멍하니 바라보았다.

핀란드의 유명한 직업학교 선생님들은 제주에 또 어떤 면을 보려고 방문하려는 것일까? 더 나은 기술과 새로운 교육방법을 위해 직업교육 관계자들이 제주도와 교류하고 싶다는 뜻은 무엇일까?

여러 생각들이 앞서거니 뒤서거니 하면서 나를 혼란스럽게 했지만 그래도 앤 선생님을 다시 만날 수 있다는 반가움과 핀란드와 연결될 수 있다는 가능성, 직업교육 관련으로 더 넓은 교류를 만들 수 있다는 기대감이 더 컸다.

앤 선생님의 편지로 시작된 이번 방문은 공식적으로 접수되어 추진되었다. 도교육청 직업교육 담당 부서에서 핀란드 반타시와 여러 번의 소통 끝에 4월 25일부터 27일까지 핀란드 직업교육방문단이 제주특별자치도교육청을 방문하였다.

핀란드 반타시 청소년 및 성인 교육 서비스 책임자를 비롯하여 옴니아 직업전문학교(Omnia Vocational school) 기술 보좌관, 기술부서장, 국제교류 수석, 케우다 직업전문학교(Keuda Vocational school) 사회복지 및 건강 서비스 부서장, 호텔 레스토랑 및 취사 팀 매니저, 평생교육기관 교감, 사회 복지 및 건강 서비스 부서장, 템페레 대학교(University of Tempere) 파견교수로 재직하고 계신 이동섭 교수님 등 10여 명의 방문단이 앤 선생님과 함께 제주와 직업교육 교류 협력을 위해 방문하였다.

옴니아 직업학교, 케우다 직업학교 등은 핀란드에서도 유명한 직업학교이다. 앤 선생님이 교감으로 재직하고 있는 바리아 직업학교도 지난 핀란드 파견연수 기간 동안 방문했을 때, 그 규모나 교육과정 운영 면에서 많은 시사점을 얻었던 학교였다. 더구나 핀란드는 작년 국가교육과정 개편을 통해 직업교육 관련 개혁이 이루어지고 있는 상황이었다.

방문단은 한국뷰티고등학교, 한림공업고등학교, 서귀포산업과학고등학교 등 도내 특성화고등학교를 방문하여 실제 학생들의 교육활동 등을 견학하고 직업교육 내용에 대해서 학교 교직원들과 협의를 했다. 학생들의 현장학습 시설로 제주삼다수 공장과 관련 대학으로는 한국폴리택대학 제주캠퍼스도 방문했다.

학교 방문을 통해 제주의 직업교육 상황에 대해 이해를 넓히고 향후 상호 협력 방안을 내용으로 제주특별자치도교육청과 핀란드

핀란드 직업교육방문단 학교 방문(출처: 제주특별자치도교육청)

반타시는 업무협약을 체결했다.

이 업무협약을 기반으로 하여 특성화고등학교 학생들이 핀란드를 방문해 반타시 바리아 직업학교에서 글로벌 체험학습이 진행되고, 교사 파견도 이루어지고 있다. 그리고 매년 제주특별자치도교육청이 주최하는 제주국제청소년포럼에 핀란드 학생들이 참여하는 계기가 되었다.

앤 선생님 메일의 한 구절이 아직도 머리에 맴돈다.

'우리는 서로에게 배울 것이 많습니다.'

늘 나를 새롭게 하는 단어는 '서로'이다. 우리는 서로 배울 것이 많다고 말하는 앤 선생님, 그리고 핀란드의 교육자들! 그들은 배움을 위해 직접 실천하고 협력을 만들기 위해 노력하고 있다.

제주에 공동연구로 왔을 때도 보고 느끼는 것에 대해 배우고자 적극적이었고, 솔직하게 자신의 생각을 심포지엄에서 발표하였다. 그리고 더 나은 협력을 위해 방문단을 조직하고 업무협약을 체결하여 더 많은 교류가 가능하도록 실천해 나가자고 제안해 왔다.

다시, 많은 생각을 하게 하는 날이었다.

'우리는 우리 자신을 알고 있는 것일까?'

'제주 교육의 한 일원으로서 나는 제주 교육을 잘 알고 있는 것일까?'

'울타리를 넘어 더 배우려는 한계를 미리 한정하고 있는 것은 아니었을까?'

'제주의 학교와 그 학교에서 이루어지는 매일의 일상들이 얼마

나 소중한 애씀인지 우리 스스로 너무 과소평가하고 있는 것은 아닐까?'

핀란드 직업학교 방문단과의 협약 체결은 핀란드에 대해 늘 우리가 배우려고 요청하고, 유명 인사를 초청하고, 방문하는 곳으로 생각했던 한계를 바꾼 계기였다.

그리고, '우리는 서로 배울 것이 많다.', '서로가 더 많은 협력의 기회를 만들어가자.'라는 말이 진심으로 실현 가능한 방법을 찾는 실천 의지였음을 다시 느끼게 했다.

이렇게
멋진 곳에서
일하는 당신

2019년
10월 28일

제주에 온
핀란드 미카 교수님

미카(Mika) 교수님이 탐라교육원에 오셨다. 탐라교육원에서는 올
해부터 '미래 제주교육 리더십 직무연수'를 진행하고 있다. 이 연
수는 제주 교육을 위한 리더십 성찰을 주 내용으로 60시간 참여형
직무연수로 기획되었다. 연수의 한 과정으로 외국 교육 사례 강의
가 계획되었는데 핀란드 위베스퀼레대학교 교육리더십연구소 소
장으로 재직하고 있는 미카 교수님을 초청하게 된 것이다.

핀란드 교육 성공의 요인 중 하나를 '교사'로 들고 있다면[•], 그
교사들의 '리더십'은 어떤 철학으로 어떻게 실현되고 있는지 직
접 들어보고 토론해보는 것이 유의미할 것 같았다. 그러나 여전히
'국가와 언어의 한계를 넘어 깊은 소통이 가능할까?' 하는 문제가
결정을 머뭇거리게 했다. 여러 번 회의와 토론 끝에 교수님을 초
청하여 강의를 듣기로 하고 일정 등을 협의하게 되었다.

• 파시 살베리(Pasi Sahlberg) 지음, 《핀란드의 끝없는 도전》, 이은진 옮김, 푸른숲, 2016.

교수님은 1996년 핀란드에서 처음으로 교장 준비교육 프로그램을 만드는 데 참여하고 현재까지 함께 운영하고 있다. 핀란드에서 교장이 되고자 하는 교사들을 연수하는 교수님이다. 핀란드 교장 준비교육프로그램 내용이 방대하다 보니 교수님 강의를 듣고 질문하다 보면 핀란드 교육과 역사에 대한 해박함을 절감할 수 있었다.

핀란드 파견연수 기간 동안 늘 함께 토론하고 학교 방문 일정을 조정하고 동행했던 분이라 더욱 반가웠다. 핀란드 전역에서 또는 유럽 여러 곳에서 교사들의 워크숍, 교장 회의 등에 참여하느라 바쁜 중에도 겸손한 성품과 유머 넘치는 성격으로 따뜻하게 기억되는 분이었다.

핀란드에서 제주 교육에 대한 영상을 함께 보고 많은 이야기를 나누었던 기억, 방문했던 여러 학교에서 교장 선생님들이 교수님께 보내는 신뢰와 존경으로 새롭게 교수님을 만났던 기억, 많은 추억이 함께 떠오르기도 했다.

생애 제일 바쁜 10월을 보내고 있다는 교수님 메일을 받고, 제주에 강의를 오실 수 있으신지 묻는 메일을 보낼까 말까 고민했었다. 그런데 그 바쁜 일정을 조정하고 제주 선생님들을 만나기 위해 오겠다는 답장이 도착했다. 미카 교수님이 핀란드에서 제주 교육에 대해 토론했던 그때의 약속을 지키고자 정말 고민하고 노력했다는 것을 미루어 짐작할 수 있었다.

미카 교수님의 1박 2일 제주 일정!

핀란드에서 제주까지 오고가는 거리를 감안한다면 1박 2일이라는 일정은 정말 아쉽고 짧기만 했다. 허나 어쩌랴! 그렇게라도

시간을 내고 오시는 교수님 마음에 감사할 뿐이다.

오후에 강의가 예정되어 있는 관계로 바쁜 일정을 쪼개서 오전에는 제주북초등학교를 방문했다. 제주북초등학교는 제주의 공립 교육기관으로는 최초의 학교이고, 많은 역사를 갖고 있는 곳이다. 더구나 지역과 함께 협력하여 마을도서관을 운영하고 있어서 여러 가지로 의미 있는 방문이 될 수 있을 것 같았다. 마침, 교장 선생님께서 흔쾌히 허락해주셔서 짧은 시간이지만 학교를 방문할 수 있었다.

학교운영과 교육과정에 대한 안내를 듣고 교실 곳곳과 도서관을 방문했다. 복도에 전시되어 있는 학생들의 프로젝트 학습 결과를 보고 상당히 인상적이라고 했고, 교실에는 마침 쉬는 시간을 맞은 학생들과 잠시 인사를 나눌 기회도 있었다. 마을도서관을 돌아보고는 제주도의 특성을 살린 도서관 설계에 대해 자꾸 질문을 하셨다. 무엇보다 제주 교육의 역사를 볼 수 있는 학교, 실제 아이들의 수업과 생활을 볼 수 있는 학교 방문을 의미 있게 생각하셨고 많은 사진을 찍으셨다. 아마 핀란드에서 함께 토론하고 나누었던 제주 교육에 대한 이야기들이 학교를 직접 방문하고 이해하는 데 도움이 되었을 것으로 예상되었다. 1시간 남짓, 정말 바쁘게 학교를 둘러보고 다시 탐라교육원으로 향했다.

한라산이 보이는 길을 돌아 숲속을 지나는 긴 길을 통과하는 차 안에서 아름다운 곳에 선생님들의 연수기관이 있다는 감탄을 연발하셨다. 핀란드의 호수, 많은 열매가 있던 울창한 숲, 깨끗한 공기 속에서 지내는 미카 교수님의 감탄은 새롭고 또 새로웠다.

우리가 늘 머물렀던 위베스퀼레의 호수, 워크숍을 위해 버스를 타고 갔던 콘베시의 아름다운 숲속, 깨끗하고 맑은 하늘, 핀란드를 생각하면 아름다운 자연이 먼저 떠올랐기에 교수님의 연이은 감탄이 더 남달랐다.

감탄은 탐라교육원에 도착하고서도 계속 이어졌다. 앞으로 보이는 한라산의 위용과 연수원 다른 쪽에서 볼 수 있는 제주 바다. 그리고 제주시의 전경들. 교수님은 탐라교육원 건물도 참 아름답게 지어졌다고 말씀하셨다. 전에는 미처 생각해보지 못했었는데 교수님 말씀을 들으면서 다시 보게 되었다.

나의 사랑, 탐라교육원!

정말 내가 근무하는 탐라교육원의 아름다움은 이루 말할 수 없는 것이 사실이다. 시내를 빠져나와 관음사를 지나 나무 숲길을 통과하는 길을 따라 들어오다가 마주하는 풍경에 때로 가슴이 벅찰 때가 있다.

드디어 도착해서 차를 세우면 한눈에 보이는 한라산! 날마다 다른 모습으로 내 눈앞에 펼쳐지는 산의 명암과 원근감은 그 자체로 어떤 날은 수묵화가 되기도 하고, 자연이 빚어낸 작품으로 펼쳐진다. 그것뿐이랴, 연수원을 돌아 나가면 앞에 창창히 펼쳐진 제주 바다! 화창한 날에는 멀리 추자도도 보이는 전경에 날마다 분명 이건 축복이라고 자신에게 얘기하곤 했었다. 그런 아름다운 곳에 연수 오는 선생님들을 어찌 반갑게 맞지 않을 수 있으랴. 나의 탐라교육원 사랑을 표현하면 대부분 주변 분들은 '정말?' 하고 한번쯤 다시 묻는다. '그 정도?' 하시면서.

와우~ 이렇게 멋진 곳에서
근무하고 있었군요
그럼요, 교수님
제주가 이렇게 아름다운 곳이랍니다
아쉬워요. 다 보여드릴 수 없어서

어느 연속극 대사처럼 날이 좋아서, 날이 흐려서, 비가 와서, 안개가 자욱해서, 바람이 불어서, 단풍이 들어서, 눈이 와서. 그냥 매일이 모두 좋은 탐라교육원이다. 그런 내 생각이 과장이 아니었음을 핀란드에서 오신 교수님은 한없이 감탄하시면서 내게 말하고 있는 것이다.

"와우~ 이렇게 멋진 곳에서 근무하고 있었군요!"

"그럼요, 교수님. 제주가 이렇게 아름다운 곳이랍니다. 아쉬워요. 다 보여드릴 수 없어서."

일정상 그날 강의가 끝나자마자 김포를 거쳐 인천으로 다시 핀란드로 떠나서야 했기에 탐라교육원은 제주의 아름다움을 대표로 보여드린 곳이 되었다. 그래도 아쉬움이 덜하다. 내가 정말 좋아하는 한라산과 제주 바다, 그 사이를 이루는 제주 바람과 숲, 그리고 교수님의 강의를 듣기 위해 참석한 100명이 넘는 제주 선생님들의 열정까지 모두 보여드릴 수 있었으니.

그날 강의에서 교수님은 정말 많은 이야기를 하고 싶어 하셨다. 교육리더십에 대해, 핀란드 교육에 대해 이야기를 나누셨지만 2~3시간에 많은 것을 소통하고 공감하기에는 역시 많은 한계들이 있음을 느낀 날이었다. 이미 국제심포지엄에서 외국 강사의 강의가 주는 한계를 경험한 터라 미리 교수님께 되도록 많은 질문을 받아주실 것 등 주어진 상황에서 많은 소통이 가능한 방법을 의논드렸었다.

교수님께서도 선생님들과 서로 토론할 수 있는 기회도 마련하였고 중간중간 질문도 많이 받고 대답하셨다. 그럼에도 불구하고 핀란드에서 느꼈던 강의의 진면목을 선생님들과 공유하기에는 어려움이 있어 보였다. 나는 짐작할 수 있다. 미카 교수님의 강의는 우리가 그랬던 것처럼 강의와 현장 방문이 함께 이루어져야 더 실감날 것이고, 학교에서 강의 내용에 대해 확인하고 질문하고 토론하는 과정에서 이해되는 것이 더 많다는 것을.

그래도 먼 길을 바쁜 일정 조정하면서 제주에 오신 미카 교수님, 감사하고 감사할 뿐이다. 교육에 대한 진정성, 핀란드 역사에서 차지하는 교육의 중요성, 학생 한 명 한 명의 성공을 위한 교사들의 책임과 자율, 신뢰, 그것을 위한 교사 자신의 교육리더십! 선생님들과 만나고 함께 나누고자 했던 교육리더십에 대한 핀란드의 교육 이야기와 제주 이야기는 앞으로 더 각자의 위치에서 채워갈 수 있으리라, 그리고 또 다시 만날 기회가 있으리라 믿어본다.

제주의 열정적인 여러 선생님들과 핀란드 위베스퀼레대학교 미카 교수님이 '교육리더십'으로 만난 날! 언론에서는 많은 보도가 있었지만, 나는 소박하게도 제주 교육의 역사와 현재 현장을, 한라산의 웅장함을, 제주 바다의 그 넓은 품을 함께 나누고 확인할 수 있었음에 더 기쁜 날이었다.

역시! 핀란드와 우리는 닮았다. 가난하고 척박했던 역사도, 그 시간 속에서 독립을 갈구하던 의지도, 미래를 위해 무엇보다 교육의 중요성을 공동체가 자발적으로 실현하던 열정도, 그리고 훌륭한 교사들이 미래를 위한 교육을 만들어 가고 있다는 사실도.

무엇보다 아름다운 자연, 신이 주신 보물 같은 자연을 서로 정말 소중하게 생각하고 감탄하며 살고 있다는 것까지!

[출처: 제주특별자치도교육청]

교육에 대한 진정성,
교육의 중요성,
학생 한 명 한 명의
성공을 위한 교사들의
책임과 자율, 신뢰,
그것을 위한
교사 자신의
교육리더십!

선생님들과
함께 나누고자 했던
교육리더십에 대한
핀란드의 교육 이야기와
제주 이야기는 앞으로
더 각자의 위치에서
채워갈 수 있으리라,
그리고
다시 만날 기회가
있으리라 믿어본다.

행복하자,
우리!

기록을 모아
책으로 남기며

2016년부터 남겨두었던 글들을 모았습니다.

때로 거칠게 몇 줄 썼던 글들도 다시 앞뒤를 이었습니다. 혹시 잊어 버릴까 봐 메모해두었던 글도 사진과 함께 다듬어 보았습니다. 되돌아보니 자연스럽게 그 시간을 함께했던 사람들이 떠오릅니다.

처음 국제심포지엄을 준비하며 동분서주했었던 일들, 국제행사가 처음이어서 외국강사 섭외로 마음 졸였던 순간들, 막다른 길처럼 아득할 때마다 해결 방법을 찾아주시던 팀장님, 과장님, 실장님, 여러 선생님들이 함께 떠오릅니다.

때로 긴장된 얼굴로, 가끔 엄청 걱정스러운 표정으로 바라보시던 모습, 해결 방법을 찾아 시간 가는 줄 몰랐던 날들도 선합니다. 그래도 늘 믿어주셨던 힘으로 함께 앞으로 나갈 수 있었던 것 같습니다.

어렵게 진행했던 국제심포지엄 후에 남았던 아쉬움, 핀란드 앤 선생님에게 받았던 인상들, 뭐가 다를까? 뭐가 같을까? 숙제를 안은 것처럼 마음 한 구석이 묵직했던 날들이었습니다.

거창한 교육담론이 아니고 구체적이고 실제적인 상황을 공유하고 싶었고 경험을 나누고 싶었던 것 같습니다. 그래서 풀리지 않는 문제를 푸는 심정으로 공동연구를 제안했었습니다.

'이게 될까? 가능할까?' 했던 스스로에 대한 물음이 현실이 되던 순간들이 기억납니다. 모두 함께했던 사람들이 있어서 가능했던 일입니다.

핀란드 앤 라사카 선생님!

공동연구 프로젝트를 어렵게 제안했는데 '서로 배우자'로 대답했던 선생님, 교육전문성과 제주 교육에 대한 애정으로 무엇을 함께하든 가능성을 현실로 만들 수 있을 것 같았습니다. '비교하지 않는 평가'로 만났으나 '비교하지 않는 삶'에 대해 성찰할 수 있었습니다.

애월고등학교 미술 선생님들은 감사함 그 자체입니다. 처음에 만나서 프로젝트 취지를 말씀드렸는데 선생님들이 같이 해보겠다고 하셨을 때 정말 심장이 두근거렸습니다. 더구나 미술과 선생님들이 함께 팀으로 움직이는 그 모습이 이미 감동이었습니다. 새로운 도전이 얼마나 많은 일을 동반하는지 눈에 선한데 해보지 않은 일에 마음을 내주신 그 순간이 지금도 떠오릅니다.

애월고등학교 미술과 학생들! 잊을 수가 없습니다.

영어로 수업이 가능할까?

학생들은 핀란드 미술교육과정을 이해할 수 있을까?

앤 선생님은 우리 학생들과 상호 작용이 가능할까?

미술과 선생님들과는 메일로 사전 소통이 있었지만 학생들은 어느 날 갑자기 만나서 수업을 하는 것인데 가능할까?

그런 불확실성이 현실에서는 물 흐르듯 자연스럽게 사라지던 기억이 생생합니다. 학생들은 평소에 학교 선생님을 만나듯 수업에 참여했고 의욕적이었고 핀란드 선생님의 안내를 받으면서 자신의 작품을 만들고 스스로 평가하고 질문했습니다. 한편으로는 신기했고 또 한편으로는 자랑스러웠습니다.

제주교육정책연구소 선생님들과 장학사님!

무모할지도 모르는 일들을 함께 해결하느라 머리를 맞댄 선생님들이 있어서 늘 든든했습니다. 정책연구소에서 운영했던 교육과정 연구모임 '교실다움' 선생님들, 그 선생님들 덕분에 학교 방문도 가능했고 수업참관도 할 수 있었습니다. 집단지성으로 풀었던 일들이 우리를 성찰하게 하고 성장하게 하는 힘이었다는 것을 지나고 나니 더 선명하게 깨닫습니다.

학교 방문과 워크숍이 진행될 때마다 만났던 선생님들을 기억합니다. 선생님들이 선 자리에서 더 행복한 교육과 삶을 꿈꾸던 간절함도 떠오릅니다. 퇴근 시간이 지나서 배웅 나오면서도 질문하고 토론하고 싶어 했던 선생님 얼굴이 선하게 떠올라 웃음이 번지기도 합니다. 무엇보다 실천하고 있는 수업을, 교육활동을 선뜻 보여주시고 고민을 나눠서 해결하고자 했던 보물 같은 선생님들을 많이 만날 수 있는 소중한 기회였습니다.

핀란드 위베스퀼레!

서툰 영어로 얼마나 이해할 수 있을까? 걱정은 용기로 변해서 하루 종일 따라 다니는 것을 허락해달라는 요청에 흔쾌히 웃으며 받아주던 세뽀 교장 선생님 모습도 눈에 선합니다. 위베스퀼레에서 가장 가난한 지역에 있는 후타스오 종합학교를 방문했을 때, 학교 안내를 하면서 아이들 생각에 눈물을 글썽이던 키르시 교장 선생님도 생각납니다. 나오는 길에 당신의 일을 어떻게 생각하느냐는 질문을 드렸더니, "아주 바쁩니다. 그러나 행복한 교사들을 돕는 일, 꿈의 직장이죠."라고 대답하시던 호탕한 모습, 기억이 새롭습니다.

교육리더십을 주제로 연구하는 동안 만난 핀란드의 여러 교장 선생님들도 떠오릅니다. 순수하고 친절하신 분들이었습니다. 한국에서 온 우리에게 관심이 많았고 제주에 대해서도 질문을 많이 했던 장면이 떠오릅니다.

무엇보다 위베스퀼레에서의 70일, 날마다 만났던 교육리더십 연구소 미카 교수님과 소일라는 잊지 못할 분들입니다. 해박한 핀란드 교육에 대한 지식을 서두르지 않고 토론으로 이어주셨고 대화를 통한 상호 작용이 어떤 것인지 경험으로 알게 해주셨습니다. 정해진 연수 일정이 있으나 유연하게 조정하면서 궁금한 것을 해결할 수 있도록 가능한 방법을 찾아주던 기억이 지금도 따뜻하게 남습니다.

핀란드 연수를 함께했던 두 분의 장학사님과 여섯 명의 선생님들도 귀한 인연입니다. 우리는 위베스퀼레의 거리에서도, 숙소에서도 보고 느낀 것들에 대해 함께 나누며 지냈습니다. 한국 음식들을 한 가지씩 준비하고 숙소에 모여 의논하고 또 무엇이 같은가? 무엇이 다른가? 어떻게 실천할 것인가? 서로에게 물으며 진지하게 토론했던 시간들이 소중합니다. 추석을 외국에서 함께 보낸 추억도 가끔 생각날 것 같습니다.

제주와 핀란드, 이렇게 돌아보니 함께한 많은 분들이 서로 참 많이 닮아 있습니다. 더 좋은 교육, 더 행복한 교육을 만들기 위해 노력하고 있다는 점에서 아주 닮았습니다. 그 노력 자체가 삶인 교사들입니다. 그리고 지금도 자신의 자리에서 행복하고자 최선을 다하고 있을 것입니다.

그렇게 제주와 핀란드, 서로 닮아 있습니다.

공동체가 남아 있는 사회, 교육을 사회 발전의 중심으로 삼아 무엇보다 중요하게 여기는 가치, 가난하고 어려웠던 역사, 그것을 극복하려는 독립성, 아름답고 깨끗한 자연환경, 무엇보다 훌륭한 선생님들이 교육현장을 지키고 있다는 것이 큰 공통점입니다. 비교하지 않는 교육, 존재 자체로 존중받고 한 명 한 명의 잠재력이 성공으로 이어지는 교육이 실현되는 교실과 학교! 자율성과 책임감으로 실천하는 교사들! 우리가 꿈꿔왔고 또 실현하고 싶어 하는 교육의 모습입니다. 어떻게 만들어갈 것인가의 과제가 앞에 놓여 있겠지요. 미카 교수님의 첫 말씀처럼 결국 '누가', '어떻게' 할 것인가? 생각해봅니다.

비교하지 않고,
제주에서,
내가 선 자리에서,
나의 삶에서,
함께 실천하는 것이
가장 중요한 배움임을 명심합니다.

기억을 더듬어 쓴 글을 정리하다 보니 2016년 처음 국제심포지엄을 정리하면서 '기록'하고 싶었던 애초의 마음은 아마 '행복'이었나 봅니다. 제주 교육에서 행복하고 싶었습니다. 최선을 다해 매일을 살면서도 체념하고 싶지 않았습니다. 마냥 부러워만 하기 싫었습니다.

교육으로
함께
행복했으면 좋겠습니다.

제주에서!
핀란드에서!

앤 라사카(Anne Raasakka)

저는 핀란드 반타 직업학교 바리아(Vantaa Vocational College Varia)에서 학생에게 제공되는 교육서비스 부문의 최고 책임자 역할을 맡고 있고 교사의 수업연구 분야를 이끌고 있습니다. 바리아에는 약 4,000명의 학생과 300명의 교사가 있습니다. 교육책임자로서 저는 교사들의 교육적 성장, 학교 교육과정, 평가 전략, 교사들의 평가 역량을 관리합니다. 저는 또한 바리아가 제공하는 교육의 질과 발전 과정을 책임지고 있으며 학교 운영관리위원회 위원입니다.

I am the Head of Education Services and the director of pedagogics at Vantaa Vocational College *Varia*. The college holds around 4,000 students and 300 teachers. As Head of Education I look after the pedagogic development of our teachers, Varia's curricula, evaluation strategy and Varia's teachers' assessment competencies. I am also in charge of the quality and development process of the education provided by Varia and sit at the board of management.

배움과 교육 및 문화에 관심이 있는 모든 분들께 고의숙 선생님의 책을 적극 추천합니다. 저자는 심오한 통찰력으로 문화적 관점에서 핀란드와 한국, 양국 학교에서의 가르침을 탐구하고 있습니다.

I warmly recommend Ko Eue Sook's book to anyone interested in learning, education and culture. In her book Eue Sook explores teaching in both Finnish and South Korean schools through a profoundly insightful cultural perspective.

2016년 여름, 저는 한국에서 열린 '교육을 통한 우리의 미래 설계' 세미나에 연사로 초청되었습니다. 이 세미나에서 고의숙 선생님을 알게 되었고 우리는 배움, 교육과정, 학교 및 문화에 대한 서로의 생각과 경험을 나누는 즐거움을 누렸습니다. 배움이라는 주제에 관해서는 종종 서로 같은 결론에 도달했다. 그것은 적은 것이 더 크다, 즉 성공적인 교육은 불필요하고 과도한 내용을 없애고 배움이라는 핵심에 도달하게 한다는 것입니다. 고의숙 선생님과 저는 학교란 자신이 기능을 하고 있는 문화와 긴밀하게 연관되어 있기 때문에 그 문화를 알지 않고 교육을 이해한다는 것은 불가능하다는 데 공감했습니다.

In the summer of 2016 I was a guest speaker at the *Designing Our future Through Education* seminar in Korea. During this seminar I got to know Eue Sook and had the pleasure of sharing ideas and experiences on learning, curricula, schools and culture. On the topic of learning, we often came to the mutual conclusion that less is more:

successful education comes down to eliminating the unnecessary and excessive content in order to get to the core of learning. Eue Sook and I agreed that school is closely tied to the culture it functions in and it is thus impossible to understand education without getting to know its culture.

고의숙 선생님과 대화를 나누었던 것이 그 다음해 여름 제주도에서 몇 달을 지내며 한국의 학교, 배움, 가르침 그리고 문화에 대해 좀 더 면밀히 살펴볼 마음을 갖게 해주었습니다. 선생님은 저를 여러 선생님들과 교장 선생님들에게 소개했고, 지역의 한 학교에서 가르치고 강의를 하고 워크숍을 하도록 초대해주었습니다. 이 기간 동안 선생님은 저의 멘토였고, 여러 다양한 학교와 시설들을 방문하도록 해주면서 제가 제주 문화와 한국식 배움 및 가르침을 연구할 수 있도록 연결 고리가 되어주었습니다. 그 경험은 매우 흥미로웠고, 여러 다른 맥락에서 배움과 교육이라는 주제로 토론을 할 수 있는 독특한 기회를 제게 주었습니다. 한국어 한두 단어를 현지어로 배울 수 있는 기회도 되었습니다.

The conversations I had with Eue Sook inspired me to take a closer look at South Korean schools, learning, teaching and culture by spending a few months on the island of Jeju the following summer. Eue

Sook introduced me to teachers and headmasters and invited me to teach, give lectures and organise workshops at a local school. During this period Eue Sook was my mentor and my link to the culture of Jeju and the Korean way of learning and teaching - she had organised visits to various schools and establishments. The experience was profoundly interesting and gave me the unique opportunity to discuss the topic of learning and education within different contexts. I even had the opportunity to learn the local alphabet a word or two of Korean!

고의숙 선생님은 2017년 가을에 핀란드의 여러 학교에서 핀란드 문화 및 교육 시스템 연구에 열중하였습니다. 선생님의 연구가 특별한 이유는 배움과 교육에 문화적 민감성을 갖고 접근하기 때문입니다. 교육을 바라보는 이러한 방식은 우리가 어떻게 가르치고 배우며, 어떻게 교육하는지를 바라보는 새로운 방법을 찾는 데 있어 매우 중요합니다. 선생님은 핀란드 문화와 핀란드식 배움 및 교육 방식에 대한 깊은 지식을 습득했고, 이런 문화적 차이를 강조한 연구 결과는 한국 교육의 발전에 특별한 의미가 있습니다.

Eue Sook has immersed herself in the Finnish culture and education system in different schools around Finland during the autumn of 2017. Her work is exceptional due to her culture-sensitive approach to learning and education. This way of looking at education is crucial in finding new ways of looking at how we teach, learn and educate. Eue Sook has acquired profound knowledge of Finnish culture and Finnish ways of learning and educating. Her findings bring unique value to the development of Korean education through highlighting these cultural differences.

2018년 봄 반타시와 제주특별자치도교육청은 업무협약을 체결했습니다. 이 협약은 교사 교환 프로그램과 두 기관 간의 긴밀한 협력을 촉진합니다. 교육, 배움 및 문화 분야에 종사하는 분이라면 누구나 고의숙 선생님의 연구에서 큰 도움을 받을 것입니다.

In the spring of 2018 the city of Vantaa and Jeju Self Governing Provincial Office of Education signed an agreement of cooperation. This deal facilitates teacher exchange programmes and close collaboration between the two establishments. Anyone working in the field of education, learning and culture will greatly benefit from Eue Sook's work.

참고 자료

리카 파카라(Rikka Pahkala) 지음, 〈핀란드 교육 현장 보고서〉, 고향옥 옮김, 담푸스, 2013.
파시 살베리(Pasi Sahlberg) 지음, 〈핀란드의 끝없는 도전〉, 이은진 옮김, 푸른숲, 2016.

제주특별자치도교육청, 2017 제주교육 국제심포지엄 자료집, 2017.
제주특별자치도교육청, 2017 교육전문직 핀란드파견연수보고서, 2017.

우리는 서로에게
배울 것이 많아요

교육으로 통하는 핀란드와 제주

2020년 12월 4일 초판 1쇄 발행

지은이   고의숙
펴낸이   김영훈
편집   김지희
디자인   부건영, 나무늘보

펴낸곳   한그루
           출판등록 제6510000251002008000003호
           제주특별자치도 제주시 복지로1길 21
           전화 064-723-7580   전송 064-753-7580
           전자우편 onetreebook@daum.net 누리방 onetreebook.com

ISBN 979-11-90482-38-7   03370
ⓒ 고의숙, 2020

값 15,000원